시사적복음전도목회칼럼 - 3

하나님은 어디에나 계십니다

배굉호 지음

도서
출판 **영문**

God is Anywhere
(The Pastoral Column of Evangelism in Society)

By Rev, Geong-Ho Bae(Th. D.)

2001, Seoul, Korea
Young-Moon, Publishing

복음이 담긴 목회 칼럼

황창기 박사
(고신대학교 총장)

모든 책이 마찬가지겠지만, 책을 출판한다는 일은 대단한 용기가 필요합니다. 한번 활자화되어 독자의 손에 전달된 것은 다시 바꿀 수 없기 때문입니다. 이번에 배굉호 목사님께서 바쁜 사역 가운데서도 쉬지 않고 꾸준히 연구하신 결과로서 3번째 칼럼집을 출판하게 된 것을 진심으로 축하드립니다. 벌써 여러 번에 걸쳐 칼럼집을 내신 것으로 아는데 목사님의 학문적 소양과 타의 본이 되는 성실함은 정말 놀라울 정도입니다.

목회를 하면서 연구할 시간을 충분히 갖는 것은 어려운 일입니다. 그 가운데 책을 펴낸다는 것은 대단한 일이라고 생각됩니다. 매주 기록하는 칼럼이지만 그 칼럼을 책으로 엮는다는 것도 말처럼 그리 쉬운 일이 아닙니다. 하지만 배굉호 목사님은 목회자로서, 또 신학자로서 남다른 희생과 열정을 가진 분입니다. 이 같은 배굉호 목사님의 열정과 성

추천사

실한 자세는 동료 목회자 뿐 아니라 많은 후배 목사들에게 귀감이 될 것입니다. 모든 목회자들이 다 학자가 될 순 없습니다. 그러나 교사인 목사로서 가르치는 일을 감당할 때 열심과 노력이 요구되는 것은 자명한 사실입니다.

이번에 출간되는 칼럼집은 설교의 이해를 돕는 방편이 되고 불신자들이 쉽게 복음을 접할 수 있는 계기를 마련한다는 점에서 매우 유익한 책이라고 생각합니다. 역사 속에 일어난 일들을 하나님의 시각으로 바르게 진단하고 그 속에서 복음을 접할 수 있는 접촉점이 될 것입니다.

부디 이 책을 통해 많은 독자들의 가슴에 예수님의 기쁨이 넘쳐나기를 바라면서 기쁜 마음으로 추천하는 바입니다.

머리말

할렐루야!

　우리를 위하여 이 땅에 오셔서 십자가의 놀라우신 구속 역사를 이루시고 죽음의 권세를 무너뜨리시고 다시 살아나신 주님께 영광을 돌립니다. 영광스러운 부활절을 앞두고 우리 남천 교회 출판 위원회에서 부족한 종의 시사적 복음 전도 목회 칼럼을 엮어서 「하나님은 어디에나 계십니다」를 발간하도록 은혜 베푸심을 감사 드립니다. 그동안 하나님께서는 이미 「No할 때 On 하시오」와 「나는 하나님의 몽당연필입니다」를 발간하게 하셔서 목회 칼럼을 애독하는 성도들로부터 많은 격려와 용기를 얻게 하셨습니다. 매주 주일 주보에 실리는 목회 칼럼은 국내외 여러분들께서 읽고 있으며, 특별히 복음 전도에 유익하게 사용되고 있습니다. 이 목회 칼럼은 주로 신문, 잡지 등 대중 매체에 실려진 주제와 사건들을 참고하여 가능하면 시사성이 있는 내용을 인용했습니다. 동시에 신학적인 메시지로 결론을 내려 공감을 가지고 감동 받는 내용이 되도록 노력했습니다. 이번에 발간된 칼럼집 「하나님은 어디에나 계십니다」를 통해 여러분의 신앙 생활에 유익이 될 뿐만 아니라 우리 이웃들도 하나님께 접근할 수 있게 하는 복음 전도에 잘 활용되었으면 좋겠습니다.

  이 책이 나오기까지 헌신적으로 수고하신 소성휘 강도사님과 공혜숙 전도사님께 감사드립니다. 그리고 출판위원장을 비롯한 모든 출판 위원들과 항상 기도로 후원해 주시는 모든 교역자들과 장로님들 그리고 모든 성도들께 감사드립니다.

  오직 하나님께 영광을!(Soli Deo Gloria)
  오직 은혜!(Sola Gracia)

2001년 3월 7일

남천 교회를 섬기는 종 배굉호

목 차

추천사/ ·· 3
머리말/ ·· 5

제1부 / 당신들의 항로를 바꾸시오

1. 미 CIA에 동원된 심령술사들 ······················· 14
2. 생명나누기 ··· 16
3. 개척교회를 7개를 세우는 호두과자 할머니 ········ 18
4. 보다 더 중요한 것 ··································· 20
5. 당신들의 항로를 바꾸시오 ·························· 22
6. 또 결심합시다 ······································· 24
7. 노벨의 결심 ··· 26
8. 알렉산더의 후회 ···································· 28
9. 유시유종 ·· 30
10. 진정한 새날은 ····································· 32
11. 고통 분담을 해야 할 때 ·························· 34
12. 최고의 영양제 ····································· 36
13. 천국에서 청문회가 열린다면 ····················· 38
14. 사랑 받기보다는 주는 사람이 되라 ·············· 40
15. 당연한 일을 한 용감한 택시 기사 ················ 42
16. 베링 빙하가 녹고 있다 ··························· 44

17. 하나님은 어디에나 계십니다 ··· 46
18. 세계 제일의 골초 국민 ·· 48
19. IMF 시대와 지하철 승차권 ··· 50
20. 부활과 평화 ·· 52

제 2 부 / 10원을 나누는 아름다운 삶

21. 환경 호르몬 ·· 56
22. 평화주의자 바라크 장군 ··· 58
23. 비극의 미국의 왕자 케네디 ··· 60
24. 순결 서약식 ·· 62
25. 돈 관리가 문제이다 ··· 64
26. 불법 도청과 감청 ·· 66
27. 월세집에 사는 독일의 의장 ··· 68
28. 인현동의 라이브 호프집 화재 참사 ··································· 71
29. 고문 기술자 ·· 73
30. 거짓말 거짓 세상 ·· 75
31. 성탄절과 연말에 가지고 싶은 마음 ··································· 77
32. 산타클로스가 필요한 시대 ·· 79
33. 새 천년을 맞이하는 목회자의 기도 ··································· 81
34. 서로 돌아보는 사랑과 선행 왕을 꿈꾸자 ···························· 83

35. 낙선운동 ···85
36. 미성년 매춘과의 전쟁 ·································87
37. 제 분수를 알면 존경받는다 ·························89
38. 뇌사 인정 ··91
39. 34년 만에 받은 최고의 명예 훈장 ··················93
40. 유대인의 정직 ··95

제 3 부 / 평양에 코카콜라도 들어가는데

41. 바꿔 바꿔 모든 걸 다 바꿔 ·························98
42. 미국 대륙을 도보 횡단한 90세 검프 할머니 ······100
43. 73세에 여중생이 된 할머니 ························102
44. 물 부족 국가가 되다 ································104
45. 한국판 슬로비족 ·····································107
46. 부활의 그 새벽 ······································109
47. 마약에 취해 가는 세상 ······························111
48. 탈선 이혼과 탈선 자녀 ······························113
49. 아버지의 출산 휴가 ·································115
50. 대학생이 부모를 토막 살해하다니 ·················117
51. 국민들의 고민과 혼란 ································119

52. 민족에게 웃음을 주는 남북 정상회담이 되기를 ················ 121
53. 55년만의 남북 정상의 악수와 포옹 ························· 123
54. 평양에 코카콜라도 들어가는데 ···························· 125
55. 드라마 허준 ·· 127
56. 에이즈는 세계의 문제 ·································· 129
57. 캠프 데이빗 회담 ····································· 131
58. 타이거 우즈의 골프 신화는 연습의 결과 ··················· 133
59. 입양자의 대모 홀트 여사의 유언 - '한국 땅에 묻어 주오' ···· 136
60. 미국 속의 유대인 ····································· 139

제 4 부 / 당신은 걸작품이다

61. 세계에서 가장 장수하는 사람들의 직업 ···················· 144
62. 말러 러년의 인간 승리 ································· 146
63. 클린턴 대통령의 신앙고백 ······························· 148
64. 이형택 선수와 어머니 ·································· 151
65. 금메달보다 아름다운 인간승리 ··························· 154
66. 양화진 외인 묘지의 닥터 홀 가족 ························ 157
67. 하나님은 사랑이시다 ·································· 159
68. 올브라이트 외무장관과 브로치외교 ······················· 161

69. 수많은 등대가 주는 교훈 ····································164
70. 세계를 당혹케 한 오보 ·······································167
71. 두 종류의 청소원 ··170
72. 고려청자 사기극 ···173
73. 위기의 본질을 알자 ··176
74. 미국 대통령 선거의 승자와 패자 ··························179
75. 인터넷 자살 사이트 ··182
76. 실패 예찬 ···185
77. 우리 모두 달리자 ···187
78. 폭 설 ··189
79. 엄청난 통치자금 ···192
80. 나라 자긍심을 회복하자 ····································195
81. 명문가 ···198
82. 광우병 ···201
83. 미 대통령들의 최대 덕목은 깊은 신앙심 ···············204
84. 막다른 가정 폭력 ··207
85. 혼인신고 기피증과 이혼 천국 ·····························210

1부

당신들의 항로를 바꾸시오

미 CIA에 동원된 심령술사들

세계 최고의 첩보 기술을 자랑하는 미국 중앙정보국(CIA)에서 심령술사를 동원했다는 기사가 나왔습니다. 미국은 지난 20년 간 심령술사를 고용하여 중요하고 어려운 사건에 이용했다고 합니다. "스타게이트"로 명명된 이 프로그램에서는, 북한의 플루토늄 소재 확인, 무아마르 카다피 리비아 지도자의 행적 추적, 마약 단속국 활동지원, 81년 이탈리아에서 "붉은 연단"에 피랍된 제임스 조저 준장의 소재 확인 등에 심령술사들을 이용했다고 합니다.

이 스타게이트 작전에는 2천만 달러의 비용이 투입되었습니다. 다양한 정부 기관들은 접근이 불가능한 지역의 정보를 얻기 위해 이들 심령술사를 이용했습니다. 이들 심령술사들은 지난 79년 이란 미대사관 인질 사태 당시 대사관 건물의 상황과 인질범들의 유니폼 등에 관한 정보를 알아냈습니다. 그러나 이들 심령술사들의 정확성은 15%에 불과했으며 4지선다형에서는 3분의 1일만 맞추었다고 합니다.

최고 문명과 기술을 자랑하는 미 정보국에서도 악령의 도구로 전락한 심령술사, 쉽게 말해서 점쟁이 등을 사용한다는 것은 기가 막힌 일입니다. 결국 인간의 힘은 한계가 있다는 이야기입니다. 다르게 말하면 사탄의 세력이 미 정보국까지 들어왔다는 이야기도 됩니다. 미국의 모

전직 대통령 시절에는 백악관까지 심령술사들이 들어왔고 중대한 일에 자문까지 했다는 충격적인 기사를 상기해 볼 때, 비단 미국뿐만 아니라 전 세계 많은 나라의 정부와 정보기관까지 사탄의 손길이 뻗치고 있음을 알 수 있습니다.

부정과 부패, 절대 권력의 찬탈, 횡포, 학살, 비 인권적인 만행 등은 사탄이 노리는 행위입니다. 자꾸 일어나는 우리 주위의 불행스러운 일들을 볼 때 정치, 경제, 사회, 문화, 종교계 등 모든 방면에 사탄의 영향력이 깊숙이 침투한 것을 느낄 수 있습니다. 심지어 사탄은 하나님의 교회 안까지도 침투하려고 노력하고 있습니다. 할 수만 있으면 믿는 성도까지도 유혹하고 넘어뜨리려고 달려드는, 우는 사자의 모습을 한 사탄의 세력에 우리는 대항해야 합니다.

영적 분별력을 가지고 깨어서 기도하며, 말씀 안에 굳게 서서 사탄의 세력과 타협하지 않고, 그들과 대항하는 그리스도인만이 주의 역사를 이어갈 것입니다.

생명 나누기

비공식적으로 국내에서 헌혈을 가장 많이 한 헌혈 왕이 있습니다. 경기도 고양시 일산동에 사는 60세의 이하영 씨(氏)가 그 주인공입니다. 그는 환갑의 나이에도 불구하고 요즘도 헌혈 운동으로 이웃 사랑에 앞장서고 있습니다. 그는 "피는 생명입니다. 자신의 생명이 고귀하듯이 헌혈은 다른 사람의 생명을 살리는 거룩한 구명 운동입니다."라고 말했습니다.

지금까지 이씨(李氏)의 헌혈 횟수는 공식적으로 132회지만, 비공식 횟수까지 합치면 2백 회가 넘는다고 합니다. 그가 피를 통한 사랑 실천에 발벗고 나선 이유는, 자신도 다른 사람의 피를 받고 죽음의 터널에서 빠져 나온 군대 시절의 사연이 있었기 때문입니다. 그는 부대 기동 작전 중 뜻하지 않는 불의의 사고를 당했습니다. 그러나 중화상을 입고 3일 동안 삶과 죽음의 경계를 넘나들었습니다. 얼굴은 알아볼 수 없을 정도의 화상으로 25회의 수술을 거듭해야 했습니다. 수혈만 2만cc 정도를 했다고 합니다. 그리고 그는 살아났습니다. 그는 이 사실을 결코 잊지 못했습니다.

그는 자신의 생명을 살리기 위해 희생해 준 그들에게 보답하는 길이 무엇일까 생각했습니다. 그리고 자신의 피를 다른 사람들에게 헌혈하는 것이 은혜를 갚는 길이라고 믿었습니다. 그는 5년만의 투병 생활 끝에 퇴원했고, 그때부터 피가 필요하다는 소식을 접할 때마다 현장으로 즉각 달려가거나, 길거리의 헌혈차를 볼 때마다 먼저 팔을 걷어 올려서 피를 뽑았습니다.

예수 그리스도는 우리에게 생명의 피를 주시려고 아기로 오셨습니다. 우리는 성탄절이 다가오는 이 시점에 예수님의 거룩한 희생의 피가 우리를 살리셨다는 사실을 깊이 생각해야 합니다. 그분의 피 때문에 우리가 나음을 입었고 구원을 얻었습니다. 따라서 우리도 이 생명의 피를 나누어주어야 합니다.

독실한 크리스천인 이씨의 "헌혈 운동에 사랑과 희생 정신을 실천하는 기독교인들이 앞장서야 한다."는 말에 우리는 귀를 기울여야 합니다. 가장 고귀한 생명은 예수의 피를 나누는 것입니다. 그 다음에는 우리의 피도 나눌 수 있어야 합니다.

개척교회 7개를 세우는 호두과자 할머니

열차를 타고 서울을 다녀본 사람들은 모두 천안 호두과자를 기억하고 있을 겁니다. 이 호두과자는 62년 전에 심복순(82) 할머니가 개발하여 천안의 명물로 만들었습니다. 이제는 전국 고속도로 휴게소 등 그 어디서나 맛을 볼 수 있는 과자가 되었습니다. 고령의 나이에도 불구하고 할머니는 지금도 종업원과 숙식을 같이하면서 호두과자점을 꾸려 나가고 있습니다.

할머니는 1934년에 남편의 기술 제공으로 천안 근처에서 유명한 호두와 흰 팥을 이용해서 호두과자를 만든 이후로 지금까지 똑같은 재료로 만들고 있습니다. 호두과자점을 62년째 계속 운영해 온 이 할머니는 많은 사업에 대한 유혹이 있어도 조금도 흔들리지 않았습니다. 그리고 그의 두 아들이 대를 이어서 이 과자점의 전통을 이어갈 예정이라고 합니다. 대학 나온 아들에게 포장마차 우동집을 잇게 한 일본인을 만난 후 감명을 받아 큰아들이 지점을, 교수로 있는 막내아들이 본점을 맡을 예정입니다.

이 호두과자 할머니가 "나는 다윗 왕보다 행복합니다."라는 신앙고백서를 출판했습니다. 왜냐하면 다윗 왕은 성전 짓는 것이 허락되지 않았지만, 할머니는 교회를 7군데나 세웠기 때문입니다. 할머니의 인생은 결코 순탄하지 않았습니다. 신혼 초부터 남편은 바람을 피웠습니다. 본인은 자살 직전에 살아났습니다. 그리고 아들이 보증을 잘못 서는 바람에 한꺼번에 수 만평 땅을 잃었습니다. 둘째 아들의 죽음도 맛보았습니다. 그런 와중에서도 부지런히 호두과자를 구웠습니다. 빈털터리가 된 그는 호두과자 판돈을 매일 저축하기 시작했고, 그 돈으로 하나씩 필요한 지역에 교회를 세웠습니다.

그는 돈이란 돌고 도는 것, 잠시 내 손에 있다가 가는 것뿐이라는 것을 알고 남을 돕는 일에 기쁨으로 참여했습니다. 그녀는 어려움과 시련 속에서도 결코 하나님을 원망하지 않고 믿음은 더 단단해졌습니다. 조각 이불 팔러 다니던 여자를 전도하여 함께 교회를 세운 적도 있었습니다. 호두과자 할머니는 "돈과 지식 많은 사람을 제치고 빵 장사 늙은이와 이불 파는 여자를 들어 쓰신다는 생각에 정말 가슴이 벅찼습니다."라고 고백했습니다. 과연 "미련한 것을 택하사 지혜 있는 자를 부끄럽게 하시고, 약한 자를 택하사 강한 자를 부끄럽게 하신다."는 성경 구절 그대로의 역사를 체험하게 된 것입니다. 할머니의 요즈음 생각은 "하나님이 '너 뭐하다 왔느냐' 할 때 떳떳이 내놓을게 없을까봐 두렵다."는 것입니다.

호두과자 할머니의 이야기는 오늘날 우리들에게 많은 생각을 하게 합니다. 할머니는 오직 한 길 최선을 다하여 맛있는 과자를 만들어 많은 사람들을 기쁘게 해 주고 많은 어려움 속에서도 오직 주님만 바라보고 신앙의 길을 달려 왔습니다. 어려운 자를 돕고 7개의 교회를 설립했지만, 아름다운 열매를 부족하게 여기는 신앙을 소유한 할머니입니다.

우리도 하나님 앞에 서야 할 날을 생각하고 무엇을 하면서 우리의 날들을 보내야 될 것인가를 깊이 생각해야겠습니다. 감동에만 그치지 말고 지체 없이 실천에 옮기는 지혜로운 성도가 되어야 할 것입니다.

보다 더 중요한 것

요사이 맥주 광고 선전이 요란스럽습니다. 유명한 탤런트와 스포츠맨들이 서로 경쟁하듯이 야단입니다. 그만큼 많은 영향을 주고 있다는 것입니다. 미국의 유명한 대학 프로 축구 선수였던 부버 스미스(Bubba Smith)는 멋있는 맥주 광고로 더욱 더 유명해졌습니다. 많은 광고로 수입이 굴러 들어왔습니다.

그는 어느 날 미시간 주립 대학 동창회 기념 퍼레이드에 특별 손님으로 초청 받았습니다. 모교를 방문하게 된 그는 흥분을 감추지 못했습니다. 차를 타고 학생들(후배들)이 정렬해 있는 거리를 지나가게 되었을 때 그를 환영하는 학생들이 소리치기 시작했습니다. "맥주 맛이 끝내 줍니다!" 그러자 다른 편에 서 있던 학생들이 "마셔도 배부르지 않아요!"라고 큰 소리로 응답했습니다.

그 구호는 부버 자신이 맥주 광고에서 사용하는 문구였습니다. 후배들까지 이 구호를 외쳐대는 것은 그의 맥주 광고가 대단히 성공을 거두고 있다는 뜻입니다. 그러나 부버는 실망했습니다. 특히 퍼레이드에 참석한 많은 학생들이 술에 취해서 정신을 잃었다는 사실에 더 큰 충격을 받았습니다. 그는 이 사건 이후 중대한 결심을 하게 되었습니다. 맥주 광고에 출연하는 것을 그만 둔 것입니다. 그것은 많은 인기와 돈을 상실하는 것을 의미했습니다. 개인적으로 많은 손해를 보는 것이었지만 그는 결정하지 않을 수 없었습니다. 그 이유는 자신의 맥주 광고가 젊은이들에게 좋지 않은 영향을 주고 있다는 것을 알았기 때문입니다.

여기에서 우리는 무엇이 보다 더 중요한 것인지 알 수 있습니다. 돈보다, 인기보다, 더 중요한 것이 있습니다. 우리가 살고 있는 이 혼탁한 시대에 보다 더 중요한 것이 무엇인가를 생각하고, 깨닫고, 행동에 옮기는 지혜로운 선배, 지혜로운 사람이 되어야 하겠습니다.

당신들의 항로를 바꾸시오

　훈련중인 두 대의 해군 함정이 나쁜 일기 속에서도 작전을 계속 수행하고 있었습니다. 안개가 너무 많아서 주위가 잘 보이지 않아 함장은 함교에 앉아서 모든 움직임을 주시하고 있었습니다. 날이 어두워지자 함교 끝에서 보초병이 "오른쪽 뱃머리에 빛이 보입니다."라고 보고했습니다. "움직이느냐, 움직이지 않느냐?" 함장이 소리쳤습니다. "움직이지 않습니다. 함장님." 함장은 자신들의 배와 마주 오는 배가 충돌할 위험에 빠진 것을 알고 즉시 신호병에게 소리를 쳤습니다. "저 배와 충돌할 우려가 있으니 배의 항로를 바꾸라고 알려라." 저 쪽 배에서 회신이 왔습니다. "당신들 배의 항로를 바꾸시오." 함장은 다시 외쳤습니다. "이 배 함장의 명령이니 배의 항로를 바꾸라고 하여라." 다시 회신이 왔습니다. "당신들이 항로를 바꾸시오." 함장은 화가 나서 다시 신호병에게 외쳤습니다. "이 배는 전함이니 어서 항로를 바꾸라고 일러라." 회전 등 불빛으로 다시 회신이 왔습니다. "여기는 등대올시다."
　오늘날 많은 사람들은 자신이 항로를 바꾸어야 할 것을 모르고 살아가고 있습니다. '내가 지금 바른 길을 가고 있는가?', '나는 바른 항로를 선택하고 있는가?', '나의 항로는 바꾸어야 할 것이 아닌가?' 이 질문을 수시로 하면서 살아야 합니다. 왜냐하면 항로를 바꾸지 않으면 암초를 들이받는 엄청난 불행을 가져오기 때문입니다.

예수님은 말씀하셨습니다. "내가 곧 길이요 진리요 생명이니 나로 말미암지 않고는 아버지께로 올 자가 없느니라"(요한복음 14:6)

또 결심합시다

　어느 교회 집사님이 담배를 끊지 못해서 고민을 해 오다가 여름 휴가를 맞이하여 보따리를 꾸려 가지고 모 기도원에 올라갔습니다. 이번 기회에 기도로 확실하게 담배를 끊어 보려는 것이었습니다. 그런데 하루 이틀이 지나도 다른 사람은 성령을 받았다고 하는데 자기는 오히려 담배 생각이 더욱 더 간절해졌습니다. 숲 속 깊숙한 곳에 들어가 혼자서 몰래 담배를 피우면서 자신의 처량한 모습에 고통스러워했습니다.
　그러나 이왕에 올라왔으니 이번 기회에 다시 한 번 더 도전해야겠다고 마음을 먹고 기도하기 시작했습니다. 열심히 기도하던 중 갑자기 "내 버려라. 내 버려라."하는 음성을 듣고 깜짝 놀라서 주머니를 뒤져 보았습니다. 바지 주머니에 담배와 라이터가 들어있었습니다. 그는 그것들을 꺼내어 유유히 흐르는 강물에 집어 던졌습니다. 그리고 다시 바위에 엎드려 간절히 기도하여 성령을 충만히 받았습니다. 이제 강물과 함께 떠내려간 담배와 라이터처럼 자주 흔들리고 분명치 못했던 과거의 추억들도 떠내려 가 버렸습니다. 그는 새로운 삶을 살게 되었습니다. 놀라운 것은 이제 담배 냄새만 맡으면 구역질이 난다는 것입니다.
　우리는 결심하고 결단을 내릴 때가 있습니다. 비록 힘들고 어려워서 결심한 것이 무너지고 다시 옛날로 돌아가는 일이 반복된다 해도 필요하고, 인생에 유익이 되고, 가치가 있는 것이라면 다시 도전하고 시도해야 할 필요가 있습니다. 왜냐하면 힘든 결단이지만 이후에 주어지는 새로운 삶과 기쁨과 보람이 있기 때문입니다.

"너희 몸은 너희가 하나님께로부터 받은바 너희 가운데 계신 성령의 전인 줄 알지 못하느냐 너희는 너희의 것이 아니라"(고린도전서 6:19)

노벨의 결심

　1888년 인류 최초로 다이너마이트를 만든 사람이 있었습니다. 그는 이 폭발물로 인해 많은 돈을 벌었고 많은 사람의 관심과 촉망을 받는 당대의 명사가 되었습니다. 어느 날 아침 잠에서 일어나 신문을 보던 그는 깜짝 놀랐습니다. 신문에는 "세계 최초로 다이너마이트를 발명한 유명한 알프렛 노벨이 죽다."라는 기사였습니다. 본인이 엄연히 살아 있는데 이게 웬 일입니까? 실은 노벨의 동생이 죽었는데 기자가 잘못 혼동하여 오보를 낸 것이었습니다.
　그러나 노벨은 너무 큰 충격을 받았습니다. 그는 심각하게 생각했습니다. "내가 수많은 사람을 죽일 수 있는 폭탄을 만들어서 재물과 명성을 얻었지만 결국 내 인생의 마지막이 이렇게 끝나고 마는 것이 아닌가?" 그는 강한 도전을 받았습니다. 그는 새로운 삶을 살겠다고 결심했습니다. 그는 드디어 하나님을 알게 되었고 자기의 많은 재산을 하나님과 사람들을 위해서 쓰기로 결심했습니다. 그래서 그는 인류의 평화를 위해 지대한 공을 세운 사람에게 수여하는 '노벨 평화상'을 만들게 되었습니다.
　사람은 어차피 한 번 죽기 마련입니다. 그런데 어떻게 인생을 마무리하느냐가 아주 중요합니다. 그리고 우리가 가지고 있는 지식과 명예와 권세, 그리고 물질을 무엇을 위해 어떻게 사용할 것인가를 확실하게 하는 것이야말로 지혜로운 사람일 것입니다. 우리의 인생을 어떻게 마무리해야 합니까? 우리는 마지막에 어떻게 평가될까요? 이제 새로운 결심이 필요합니다.

우리는 "세월을 아끼라 때가 악하니라"(에베소서 5:16)는 말씀에 귀를 기울여야 합니다.

알렉산더의 후회

알렉산더 대왕은 "더 이상 정복할 땅이 없다."고 통곡했던 사람입니다. 그런 그도 평생동안 고통하며 후회한 일이 있었습니다.

그에게는 어렸을 때부터 함께 지낸 막역한 친구가 있었는데 그에 이름은 클레도스였습니다. 클레도스는 알렉산더 휘하에서 장군으로 그를 도와주고 있었습니다. 한번은 클레도스가 술에 취해 많은 군졸들 앞에서 알렉산더 대제를 모욕하는 발언을 하기 시작했습니다. 모욕과 분노에 사로잡힌 왕이 순간적으로 옆에 섰던 병사의 창을 빼앗아 클레도스에게 던졌습니다. 물론 그를 죽이려고 한 것은 아니었습니다. 그러나 불행하게도 그 창은 다정한 친구를 죽이고 말았습니다. 알렉산더는 자신의 실수를 크게 후회하고 죄책감으로 자신의 목숨도 끊으려고 했습니다. 하지만 주위 사람들의 만류로 실패했습니다. 알렉산더는 세계를 정복했으나 자신을 다스리지 못했습니다. 자신의 순간적인 감정과 분노를 이기지 못했던 것입니다. 그는 평생 그의 순간적인 실수 때문에 괴로워했을 것입니다.

우리는 여기에서 자신을 다스리는 것이 어렵고 중요하다는 것을 알게 됩니다. 말을 조심하지 않고 함부로 함으로 큰 낭패를 보게 되는 일이 흔히 있습니다. 또한 자신의 분노를 제어하지 못함으로 인해 자신과 여러 사람들에게 참담함과 불행을 안겨 주는 일이 허다합니다.

그러므로 우리들은 자신을 다스리는 절제의 훈련을 매일 같이 해야 합니다. 알렉산더의 실수는 자신을 절제를 하지 못할 때 그대로 재현될 수 있습니다. 성경은 말조심과 분노를 자제하는 자가 지혜로운 자임을 반복하여 가르쳐 줍니다.

"분을 쉽게 내는 자는 다툼을 일으켜도 노하기를 더디 하는 자는 시비를 그치게 하느니라"(잠언 15:18)

유시유종(有始有終)

천하 범사가 시작이 있으면 마지막이 있기 마련입니다. 1997년이 시작했으니 반드시 마감될 날이 올 것입니다. 이것을 심각하게 생각하는 사람은 여기에 대한 준비를 합니다. 김영삼 대통령의 시년 휘호가 '유시유종'(有始有終)이라 해서 세간의 관심을 끌고 있습니다. 이 말은 "생명이 있는 것은 반드시 죽음이 있고, 시작이 있는 것은 반드시 끝이 있으니 이것은 자연의 도리다."는 뜻으로 한나라 시대의 유학자 '양웅'이라는 사람의 글에서 나온 구절입니다. 영국의 시인 T. S. 엘리엇도 그의 시(詩) "4개의 4중주"에서 이 진리를 잘 표현했습니다. '나의 시작 속에 나의 끝이 있다.' (in my beginning is my end)로 시작해서 '나의 끝 속에 나의 시작이 있다.' (in my end is my beginning) 로 끝나는 시(詩)입니다.

대통령뿐만 아니라 모든 지도자들도 시작이 있으면 끝이 있다는 것을 바로 이해해야 합니다. 이 진리를 늘 새겨 나갈 때 주어진 사명에 대한 각오와 자세가 새로워집니다. 비단 지도자들뿐만 아니라 우리 모든 서민들도 매사가 시작이 있으면 끝이 있다는 사실을 좀 더 깊이 생각한다면 일을 잘 매듭짓는데 도움이 될 것입니다. 학교 생활도 입학이 있으면 졸업이 있기 마련입니다. 군 생활도 입대하면 제대할 날이 옵니다.

문제는 분명히 끝이 오기 마련인데 어떻게 마무리를 하느냐에 있습니다. 시작은 좋으나 나중이 나쁘면 좋은 평가를 얻을 수 없습니다. 반면에 시작은 좀 좋지 않아도 마지막이 아름다우면 좋은 이미지로 남을 것입니다. 그러나 가장 좋은 것은 시작도 좋고 마지막도 좋은 것입니다. 이 일은 쉽지 않습니다. 그러나 우리 모두는 좋게 시작하고 아름답게 마무리해야 한다는 마음으로 노력해야 합니다.

이제 우리는 1997년 한 해를 새로운 각오로 시작했습니다. 12월 마지막 날을 맞이할 때까지 이런 다짐이 계속 유지되어야 할 것입니다. 지혜의 왕 솔로몬의 전도서를 다시 새겨보면서 한 해를 시작해봅시다.

"천하 범사가 기한이 있고 모든 목적이 이룰 때가 있나니 날 때가 있고 죽을 때가 있으며 심을 때가 있고 심은 것을 뽑을 때가 있으며 죽일 때가 있고 치료시킬 때가 있으며 심을 때가 있고 세울 때가 있으며 울 때가 있고 웃을 때가 있으며 슬퍼할 때가 있고 춤출 때가 있으며… 그러나 하나님의 하시는 일의 시종을 사람으로 측량할 수 없게 하셨도다"(전도서 3:1-11)

진정한 새날은

어떤 성자가 한번은 제자들을 불러 놓고 물었습니다. "그대들은 밤의 어두움이 지나고 새 날이 밝아 온 것을 어떻게 아는가?" 제자 중의 하나가 대답했습니다. "동창이 밝아 오는 것을 보면 새 날이 온 것을 알 수 있습니다." 스승은 아니라고 말했습니다. 다른 제자가 "창문을 열고 사물이 그 형체를 드러내어 나무와 꽃이 보이기 시작하면 새 날이 밝아 온 것을 알 수 있습니다."라고 말했습니다. 스승은 역시 아니라고 말했습니다. 제자들의 대답이 모두 빗나가자 이번에는 제자들이 스승에게 물었습니다. "그러면 스승님께서는 밤이 가고 새날이 밝아온 것을 무엇으로 아십니까?" 스승은 이렇게 대답했습니다. "너희가 눈을 뜨고 밖을 내다보았을 때 지나가는 모든 사람이 형제로 보이면 그 때 비로소 새 날이 밝아온 것이다." 한 마디로 우리 주변의 모든 사람들을 형제로 보고 사랑할 수 있을 때, 그 때가 우리 자신과 세계에 어둠이 걷히고 진정한 새 날이 온 것이라는 뜻입니다.

요사이 우리 사회는 심한 불신의 늪 속에서 고통을 당하고 있습니다. 정치권에서는 여야가 서로 믿지 못하고 오직 당리당략에 사로잡혀 미워하고 있습니다. 서로 주도권을 잡기 위해 비방하고 지겨울 정도로 다투고 있습니다. 그 뿐입니까? 노동자와 기업, 정부와 노동자 사이의 불신은 너무 뿌리가 깊습니다. 언제, 어떻게 그 불신의 뿌리를 제거하고 진정한 화해와 협력을 이룰 것인지 모두가 회의적인 시각으로 우려하고 있습니다.

우리 모두가 서로를 형제로 보는 데서 문제의 해결은 시작됩니다. 형제는 웬만한 잘못은 눈감아 주고, 또 잘못을 고치도록 지적 해주고, 좀 섭섭해도 다 이해합니다. 그리고 고통과 아픔도 같이 나눌 수 있습니다. 형제이기 때문입니다. 진정한 새 날이 온 세상은 상대방을 형제로 볼 때 가능합니다. 이 일에 하나님의 백성으로 세상의 빛과 소금인 그리스도인이 앞장서야 할 것입니다.

예수님은 말씀하셨습니다. "새 계명을 너희에게 주노니 서로 사랑하라 내가 너희를 사랑한 것 같이 너희도 서로 사랑하라 너희가 서로 사랑하면 이로써 모든 사람이 너희가 내 제자인 줄 알리라"(요한복음 13:34-35)

고통 분담을 해야 할 때

한국 경제가 어려운 정도가 아니라 위기 상황이라고 합니다. 외채가 천억 달러(약 백 조원)가 넘었다고 하는데, 이것을 국민들에게 나누면 한 가정 당 천만 원이라고 합니다. 그런데도 해마다 끊임없이 외제품, 그것도 사치성 고가품이 마구 쏟아져 들어오고 있습니다. 서민들은 상식적으로 생각할 수 없는 엄청난 고가품이 잘 팔려 나가고 있다는 사실에 놀라움보다 허탈한 마음이 앞섭니다. 우리 국민들의 과소비가 국민소득 4만 불이 넘는 선진국을 능가한다고 합니다.

그러나 우리나라와는 반대의 현상이 노르웨이에서 일어나고 있습니다. 우리는 빚이 많지만 그 나라는 돈이 너무 많아서 걱정이라고 합니다. 우리는 샴페인을 너무 빨리 터뜨려 나는 용이 되지 못한 채 추락하고 말았지만, 노르웨이는 그렇게 돈이 많아도 전 국민이 스스로 근검절약을 하고 있다고 합니다. 우리 사회에서는 생각도 못할 일입니다. 전에 있었던 나라 빚 갚기 운동을 전 국민적으로 전개할 때처럼, 고통을 분담할 자세가 전혀 안된 것 같아 마음이 아픕니다. 선진국 사람들은 자기 집에 벤츠, BMW 같은 좋은 자가용이 있어도 가까운 거리는 자전거를 이용합니다. 혹은 소형차를 애용하기도 합니다.

우리는 외제라고 하면 국산보다 못한데도 무조건 삽니다. 외제품 가진 것을 자랑하고, 없는 사람은 기를 쓰고 따라가거나 앞장선다면 우리 경제는 언제 회복될 수 있을까요? 고난 주간을 맞이하면서 근검 절약의 본을 보이시면서 끝까지 고난의 길을 걸어가신 예수님을 생각해 봅니다. 이제는 예수님의 정신을 이어받은 하나님의 백성들이 앞장서서 자전거나 버스를 이용해야겠습니다. 외제품을 무조건 배척할 수 없는 WTO 체제 아래서 사치성과 고가품을 피할 수 있는 지혜와 절제가 필요합니다. 가장 중요한 것은 우리의 가치 표준이 세상 사람이나 세속적인 것이 아님을 알아야겠습니다. 하나님의 영광을 위한 일이라면 무엇을 하든지 떳떳하고 당당한 것이 될 것입니다. 이제 고통을 분담할 줄 알아야합니다.

"그런즉 먹든지 마시든지 무엇을 하든지 하나님의 영광을 위하여 하라"(고린도전서 10:31)

최고의 영양제

우리나라 사람들의 건강 관리에 대한 관심은 대단합니다. 이른 새벽부터 등산, 조깅, 목욕탕을 찾는 사람이 많습니다. 몸에 좋다는 약이라면 환경 보호법을 어기거나, 아무리 비싸도 구해 먹습니다. 사람들은 건강에 관한 세미나와 테이프, 책자에 상당한 관심을 가지고 있습니다. 몸에 좋다는 보약이나 영양제의 종류는 너무도 많아 셀 수 없을 정도입니다.

그런데 우리는 손쉽게 돈 들이지 않고 평생 고단위 인생 영양제를 가질 수 있습니다. 그것은 바로 칭찬과 격려입니다. 이것은 최고의 영양제입니다.

'아이반 호'로 잘 알려진 스코트는 어렸을 때 열등생이었습니다. 그는 학교에서도 열등생이 쓰는 뾰족한 종이 모자를 쓴 채 구석에 앉아서 공부했습니다. 스코트는 열 다섯 살 때 문필가 모임에 갔다가 그림과 함께 시(詩) 한 줄을 썼습니다. 그 때 유명한 시인 로버트 번즈가 이것을 살펴보다가 스코트를 불렀습니다. "애야, 너는 타고난 소질이 있구나. 언젠가는 스코틀랜드에서 위대한 인물이 될 것이다."라고 칭찬과 격려를 해 주었습니다. 스코트는 그 순간부터 자기를 억누르고 있던 열등의식을 벗어 버렸습니다. 그는 새로운 자아상을 갖게 되었습니다. 자신감과 용기를 가지고 열심히 노력했습니다. 훗날 그는 스코틀랜드를 빛내는 위대한 문인이 되었습니다. 그를 있게 해준 것은 최고의 영양제인 칭찬과 격려였습니다.

삭막하고 경쟁 의식으로 가득하여 오만과 남을 업신여기는 이 시대에 따뜻한 칭찬과 격려의 한 마디야말로 너무도 소중한 것입니다. 여리고의 삭개오는 조롱받고 멸시받던 세리였습니다. 그러나 예수님께서 많은 사람들 중에 그를 보시고 "삭개오야 내려오라 내가 오늘 너의 집에 유하여야 하겠다"고 하신 사랑과 격려로 가득한 주님의 말씀 한 마디가 그의 인생을 완전히 변화시켜 놓았습니다. 복음 전도자 사도 바울이 무서운 핍박과 절망적인 환경 속에서 일어날 수 있었던 것은 그에게 나타나 "네가 너와 함께 하리라 네가 로마도 보아야 하리라"는 주님의 약속과 격려 때문이었습니다.

지금의 우리가 사는 사회는 어느 때 보다도 최고의 고단위 영양제가 필요합니다. 그것은 바로 칭찬과 격려입니다.

"사람은 그 입의 대답으로 말미암아 기쁨을 얻나니 때에 맞는 말이 얼마나 아름다운고"(잠언 15:23)

천국에서 청문회가 열린다면

한보 사태의 진상을 캐기 위해 열리고 있는 청문회를 보면, 증인의 대답이나 의원들의 질문에서 큰 실망을 느낍니다. 일부 국민들은 청문회 무용론까지 들고 나오고 있는 형편입니다. 중요한 대목에 이르러서는 '모르겠다.', '기억이 안난다.', '재판 중이므로 대답할 수 없다.'고 하는 증인들을 보십시오. 그리고 증인들을 향해 고함과 심리전과 유도 작전을 하는 국회의원들은 속수무책입니다. 오히려 자기가 속한 정당의 결백을 강조하고 상대당의 흠집을 내려고 합니다. 어떤 의원은 인기 전술로 접근한다는 비방을 받고 있는 형국을 볼 때 안타까운 일이 아닐 수 없습니다. 아직 청문회 역사가 짧아 정착되지 않는 현실도 무시할 수 없거니와 조직, 운영 등의 문제점도 많습니다.

그러나 결론은 우리의 청문회는 한계가 있다는 것입니다. 그리고 진실을 밝히지 못한다는 것입니다. 다른 말로 하면 사람은 속일 수 있고 거짓말이 통한다는 말입니다. 또한 사람의 속은 알아 낼 수 없다는 것입니다.

만약 천국에서 청문회가 열린다면 어떻게 될까요? '모른다.', '기억 나지 않는다.'는 말로 변명할 수 있을까요? 또한 핵심을 비켜 간 질문이나 화를 내며 쩔쩔매는 일들이 있을까요? 상황은 전혀 다르게 전개

될 것입니다. 전능하신 하나님 앞에 설 때 인간은 이미 죄인으로서 무서워 떨 수밖에 없는 존재입니다. 자기의 모든 죄를 순순히, 철저하게 고백하며 용서를 구할 수밖에 없을 것입니다. 왜냐하면 심문자가 증인의 행위뿐만 아니라 마음의 생각까지 다 읽고 있기 때문입니다. 비켜갈 수도 없고, 변명할 수도 없고, 적당히 얼버무릴 수도 없이, 사실 그대로를 전부 고백해야 합니다.

그리고 또 한가지 다른 점이 있습니다. 세상에서는 법적인 하자가 있는 사람이나 혐의가 짙은 사람만 청문회에 세우지만, 천국에서는 모든 사람이 다 청문회 자리에 서야 한다는 사실입니다. 그리고 모두가 죄인이며 모든 죄가 다 드러나 사법 처리가 불가피하지만, 마지막 선고 순간에 위대한 한 변호사가 나타나서 그를 믿는 자들을 변호하여 무죄 선고를 받아내 주신다는 것입니다. 그분은 바로 예수 그리스도입니다. 그를 믿는 자에게는 모든 죄를 다 용서해 주시고 영원한 생명과 천국의 영화를 보장해 주십니다. 우리 모두 언젠가 청문회에 다 서게 될 것입니다.

그때에 주 예수 그리스도를 믿는 백성들에게 "진실로 진실로 너희에게 이르노니 믿는 자는 영생을 가졌나니"(요한복음 6:47)라고 위대한 변호사이신 예수님께서 선포하실 것입니다.

사랑 받기보다는 주는 사람이 되라

어느 마을에 한 아들이 태어났습니다. 그 날 이상한 노인이 나타나서 산모에게 "이 아이를 위해 한 가지 소원을 들어 주겠으니 말해 보시오."라고 말했습니다. 아기의 어머니는 "이 아기가 누구에게든지 사랑받는 아이가 되게 해 주십시오."라고 소원을 말했습니다. 그 아이는 정말 자라면서 모든 사람에게 많은 사랑을 받았습니다. 그러나 사랑만 받다보니 교만해졌습니다. 어른이 되어서도 사랑을 받으려고만 하고 주는 것을 몰랐기 때문에 비참하고 황폐한 삶을 살게 되었습니다. 어느 날 노인이 이 사람에게 나타나 다시 소원을 물었습니다. 그때 이 사람은 이렇게 대답했습니다. "사랑 받기보다는 사랑을 주는 사람이 되게 해주십시오."

이 이야기는 헤르만 헷세의 단편 중에 나오는 이야기입니다. 요사이 주는 것은 모르고 받기만 하는 아이들이 얼마나 많이 자라고 있습니까? 나라 전체를 혼란 속으로 빠뜨리고 있는 비리 사건들이 모두 이기주의와 욕심 때문에 일어나는 것은 아닙니까? 정치인이나 경제인은 말할 필요도 없고, 직장인들도 받기만 하고 주는 것을 모르면 그 사회는 부패하고 썩기 마련입니다.

어린이 날, 어버이 날, 스승의 날들이 많이 들어 있는 5월, 우리는 사랑 받기보다는 사랑을 주는 것을 가르치고 생활화해야겠습니다. 예수님은 우리에게 자신의 모든 것을 다 주셨습니다. 자신의 생명까지도 주셨습니다. 이 십자가의 정신이 우리 민족과 교회, 그리고 가정을 평화와 사랑으로 넘치게 할 것입니다.

성경은 말씀합니다. "주는 것이 받는 것보다 복이 있다"(사도행전 20:35)

당연한 일을 한 용감한 택시 기사

　자신의 귀가 잘린 것도 모르고 성 폭행범을 잡은 택시 기사가 있습니다. 지난 18일 새벽 4시 10분 경, 경기도 성남시 어느 주택가에서 택시 운전 기사가 성폭행 장면을 보고 격투 끝에 범인을 잡아 경찰에 넘겼습니다. 그런데 그는 범인을 잡는 과정에서 범인이 자신의 귀를 물어뜯는 바람에 귀가 잘려 나가 옷이 피로 흥건히 젖었다고 합니다. 그런데 병원에 갈 때까지 모르고 있다가 간호사가 "아저씨, 왜 귀가 없어요."라는 말을 듣고서야 자신의 귀가 잘려 나간 것을 알았다고 합니다. 그는 귀를 찾기 위해 파출소 직원과 함께 현장으로 돌아갔습니다. 동네 사람들과 순찰차 라이트를 켠 채 5분 여 동안 현장을 뒤져 잘려나간 귀를 찾았습니다. 종합병원에 가서 1시간 동안 봉합 수술을 받았는데, 수술 성공 가능성은 절반 정도라고 합니다.
　오랜만에 용감한 시민 정신을 맛본 것 같습니다. 가슴이 후련합니다. 그는 새벽 근무를 마치고 귀가한 후 잠자리에 들려는 시간이었습니다. 밖에서 들리는 소리에 피곤한 몸을 이끌고 나갔는데, 성폭행 장면을 목격한 것입니다. 그는 성폭행 직전의 여성을 구하기 위해 있는 힘을 다했습니다. 여기에 이웃 주민들이 합세하여 범인을 잡았고 연약한 사람을 구해 주었습니다.

아직도 우리 사회에는 의를 위해서 희생할 줄 아는 사람이 있었습니다. 위험한 사람을 구하기 위해 헌신적으로 행동하는 사람이 있었습니다. 이 사실에 적지 않은 위로를 받았습니다. 이 용감한 시민은 "당연히 할 일을 했을 뿐"이라고 한 마디로 대답했습니다.

연일 보도되는 정치, 경제, 사회, 교육 분야의 비리와 부패에 관한 뉴스들이 우리에게 실망만 더해 주고 있습니다. 이기적이고 자신들의 욕망과 이익만을 추구하면서도 무관심하고 비정한 이 사회입니다. 이런 때에 당연히 해야 할 일을 한 것뿐이라는 한 시민의 희생적인 행동이 있었습니다. 그의 말대로 당연한 일을 했음에도 불구하고 그렇지 못한 사회, 즉 상식이 제대로 지켜지지 않는 사회이기에 그의 행동은 영웅적이었습니다.

성경은 말씀합니다. "악에게 지지말고 선으로 악을 이기라"(로마서 12:21) "우리가 선을 행하되 낙심하지 말지니 피곤하지 아니하면 때가 이르매 거두리라"(갈라디아서 6:9)

베링 빙하가 녹고 있다

　국제 환경 보호 단체 그린피스는 알래스카의 베링 빙하가 지구 온난화 현상으로 지난 1백년간 130Km나 줄었다는 보고서를 발표함으로 큰 충격을 던져 주었습니다. 석유, 석탄 등 화석 연료의 사용을 억제하지 않으면 인류는 해수면 상승으로 인해 대재앙에 직면하게 될 것이라는 경고입니다. 이런 현상이 지속된다면 머지 않아 우리가 살고 있는 이 지구는 바다 속으로 잠겨 버리고 말 것입니다. 또 온난화로 인해서 기후 균형이 무너짐으로 가뭄, 태풍, 혹서 등 기상 이변으로 인한 재난이 세계 도처에서 발생해 인류의 생존을 위협하고 있습니다. 그리고 오존층의 파괴도 기상 이변의 주범입니다. 이런 재앙의 원인은 결국 우리 사람들입니다.
　그래서 세계 각 국은 온난화에 따른 해수면 상승으로부터 지구를 구하기 위해서 노력하고 있습니다. 미국 정부는 탄소세 도입, 에너지 가격 인상 등 이산화탄소 방출량을 감축하기 위해 노력하고 있습니다. 기후 대책 회의에서도 지구 온난화 방지를 위해 탄소 에너지를 사용이 적은 엔진 개발, 재사용이 가능한 에너지 사용, 원자력 사용 촉진을 논의한다고 합니다.
　우리나라도 예외는 아니어서 지난 10년 동안 남한의 지표 온도가 계속 상승했습니다. 94~95년의 남부지방 가뭄은 지구 온난화 사례라고 합니다. 또한 앞으로 70년 후에는 동해의 수위가 20cm상승을 할 것이라고 합니다. 이 추세로 가면 오는 2100년까지 바닷물의 높이가 최고 95cm 올라가고 지표의 온도도 섭씨 3.5도 상승한다고 합니다.

우리는 이 모든 환경 파괴의 현상을 보면서 이 세상의 마지막이 오고 있다는 것을 부인하지 않을 수 없습니다. "처처에 기근과 지진이 있으리니(마태복음 24:6)"라는 예언이 사실 그대로 입증되어 가고 있습니다.

성경은 분명히 말씀합니다. "그 날에는 하늘이 큰 소리로 떠나가고 체질이 뜨거운 불에 풀어지고 땅과 그 중에 있는 모든 일이 드러나리로다 우리는 그의 약속대로 의의 거하는바 새 하늘과 새 땅을 바라보도다"(베드로후서 3:10~13)

결국 환경 파괴는 에덴 동산에서 인간의 범죄로 시작되었고, 앞으로도 인간의 죄악이 극성을 부릴 때 최후의 순간은 극에 달할 것입니다. 우리는 환경 파괴 문제, 인류 재앙, 최후 심판도 결국 인간의 영적 문제의 결과임을 겸손히 인정하고 머리를 숙여야 할 것입니다.

"또 내가 새 하늘과 새 땅을 보니 처음 하늘과 처음 땅이 없어졌고 바다도 다시 있지 않더라(요한계시록 21:1)"

하나님은 어디에나 계십니다

구 소련의 최초 유인 우주선을 탔던 가가린은 '아무리 우주를 둘러보아도 하나님은 어느 곳에도 없었다.'고 고백했습니다. 그 후 소련의 우주 여행은 미국에 완전히 뒤떨어져 참패를 당했습니다. 미국의 아폴로 8호 조종석에 앉아 지구의 궤도를 돌고 있던 육군 대령 프랭크 보오만은 조그만 교회 위를 지날 때에 다음과 같이 기도했습니다. "주여, 이 세상에 난무하는 모든 과오에도 불구하고 당신의 참 모습을 보여 주소서." 그 때 휴스턴의 조종탑으로부터 누군가 응답했습니다. "아멘!" 그 후 미국은 최초로 달에 유인 우주선을 착륙시켰습니다. 암스트롱과 앨드린을 비롯한 우주인들은 감격적인 달 착륙에 성공했습니다. 그들은 그곳에 성조기를 꼽고 성경책을 묻었습니다. 그리고 "하나님께 감사와 영광"을 돌렸습니다.

과학자 카렐 박사는 "하나님은 이해할 줄 아는 사람보다는 사랑할 줄 아는 사람에게 그의 참 모습을 드러내신다."고 했습니다. 하나님은 우주를 창조하시고 여전히 이 우주의 역사를 다스리고 계십니다. 그리고 그를 사랑하는 사람들에게 그의 모습을 나타내시고 보여 주십니다. 시골 오막살이에도, 산골 깊숙한 작은 마을에도, 바닷가 끝에도, 대기권을 나는 우주선에도, 달나라에도, 착륙한 우주인들에게도, 그를 믿고

의지하는 사람들에게 나타내 보여 주십니다.

하나님은 그가 만드신 세상을 사랑하십니다. 하나님께서 가장 사랑하고 소중히 여기시는 것은 자기 형상대로 지음을 받은 우리입니다. 하나님은 우리 인간을 사랑하셨으므로 이 땅에 직접 찾아 오셨습니다. 그리고 우리를 영원한 하나님 나라에 데려 가시기 위해 가장 큰 장애물인 죄 문제를 해결해 주셨습니다. 자신의 생명을 주심으로 우리의 죄를 다 용서해 주시고, 그를 찾는 자에게 만나 주시고, 그를 사랑하는 자에게 자신을 보여 주십니다. 그리고 주님을 경배하고 사랑하는 자에게 어디에서나 그의 모습을 드러내어 보여 주시는 하나님이십니다.

성경은 말씀하십니다. "내가 주의 신을 떠나 어디로 가며 주의 앞에서 어디로 피하리이까 내가 하늘에 올라갈지라도 거기 계시며 음부에 내 자리를 펼지라도 거기 계시니이다 내가 새벽 날개를 치며 바다 끝에 가서 거할지라도 곧 거기서도 주의 손이 나를 인도하시며 주의 오른손이 나를 붙드시리이다"(시편 139:7-10)

세계 제일의 골초 국민

한국 사람 한 사람이 피우는 담배량은 세계 제일이랍니다. 또 한 번 불명예스러운 금메달을 차지했습니다. 한국인 한 사람이 피우는 담배는 연간 4,153개비라고 합니다. 세계 최고의 '골초' 국민이 되었다는 반갑지 않은 신기록을 수립해 버렸습니다. 그리고 이 소식은 미국의 한 신문 유럽 통계 조사 기구인 유러 모니터를 인용해서 보도한 것입니다.

이 뿐만 아닙니다. 몸에 해롭다는 소비성 물품을 사 모으는데도 과히 세계적인 명예(?)를 얻고 있습니다. 위스키와 포도주 등 비싼 양주의 극성스런 수입 소비와 과음도 역시 세계 제일이라는 명성을 얻고 있습니다. 한국의 흡연 비율은 흡연자의 천국이라는 유럽 국가들을 앞지르며, 미국인의 두 배입니다. 물론 담배나 술의 과도한 수입은 국가 경제에도 영향을 주어 무역 적조 현상을 일으킵니다.

그러나 보다 더 심각한 것은 국민의 건강에 심각한 해악이 된다는 것입니다. 우리가 알기로는 담배는 폐암의 직접적인 원인이 되고, 임산부가 피울 경우에 태아에게 치명적인 해악을 줍니다. 뿐만 아니라 피흡연자는 말할 필요도 없고 함께 생활하는 다른 사람들에게 건강상 위해(危害)를 가할 수 있다는 것은 상식입니다. 그런데 심각한 문제는 이렇게 엄청난 담배를 피우면서도 너무도 태연하고 무감각하다는 것입니다. 영화는 말할 필요도 없고 TV 드라마에서 젊은 여성과 대학생, 심지어 청소년이 음주와 흡연하는 장면을 예사로 방영하고 있습니다. 더욱이 그것을 당연하게 받아들이는 풍조는 개탄할 일입니다.

이런 현상은 절제력이 부족한 인격적인 문제에서 남이야 어떻게 되든 자신만 즐기면 된다는 윤리적인 문제까지 일으키고 있습니다. 이 문제를 어떻게 해결해야 할까요? 양 사방에서 계속 피워 대고 있으니 해결방법은 없습니다. 오직 하나님의 말씀을 믿는 사람들과 교회가 이 금연 운동에 앞장서야 합니다. 미국의 청교도 선교사들이 한국에 들어와서 한국 사람들의 심각한 흡연 태도를 보고 세운 금연이라는 아름다운 전통을 다시 회복해야 합니다.

성경은 말씀합니다. "너희가 하나님의 성전인 것과 하나님의 성령이 너희 안에 거하시는 것을 알지 못하느뇨 누구든지 하나님의 성전을 더럽히면 하나님이 그 사람을 멸하시리라 하나님의 성전은 거룩하니 너희도 그러하니라"(고린도전서 3:16-17)

IMF 시대와 지하철 승차권

　시대마다 선물 풍속도는 다 다릅니다. 60년대 말 경제 발전이 시작될 때 가장 눈에 띄었던 선물은 구두 상품권이었습니다. 그때는 산업이 발달되어 구두가 수제(手製) 제품에서 기계로 만드는 대량 생산시대로 전환되던 시기였습니다. 그래서 가장 보편적이고 흔한 것이 구두 선물이었습니다. 이와 거의 같은 시대에 나온 것이 화학 조미료 선물 세트였습니다. 조미료는 일본을 통해 들어왔는데, 어머니의 손끝에서 피어나던 각종 음식 맛을 바꾸어 놓는 결과를 낳았습니다. 그 뒤를 이어 등장한 선물 상품은 갈비세트와 수입 양주였습니다.

　경제발전계획이 성공하고 열심히 일한 덕분에 우리나라는 고도 성장을 이루었습니다. 그리고 국민 생활 수준이 급속히 향상됨에 따라 선물도 고급화되었습니다. 백화점과 슈퍼는 갈비와 쇠고기를 부위와 조리 용도에 따라 마련해 놓고 경쟁적인 판촉에 열을 올렸습니다. 90년대에 들어서자 국민들은 높은 생활 수준 속에서 문화 및 정보 생활을 누리게 되었습니다. 그러자 건강 식품이 선물로 등장했습니다. 영지버섯, 녹차 등 건강보호식품이 애용되었습니다. 그리고 각종 행사의 답례품으로 공중전화카드가 모습을 보이기 시작했습니다. 학교, 회사, 심지어 교회까지 크고 작은 행사에, 특히 젊은이들의 작은 모임에서는 자연스럽게 전화카드가 애용되었습니다.

이제 IMF 시대가 되었습니다. 전에는 대수롭지 않게 남의 일처럼 생각했던 국난을 직접 경험하고 있습니다. 실직자는 계속 늘어납니다. 감원, 감봉이 계속됩니다. 이런 때는 역시 시대정신과 상황에 맞는 알뜰한 선물이 나타나기 마련입니다. 모두가 아픔을 같이하고 있는 이 어려운 때 새로운 선물이 등장하여 유행하고 있습니다. 바로 선물용 지하철 승차권입니다. 매월 1억 원 정도 팔리던 것이 2억 원으로 올랐다고 합니다. 주문에 따라 디자인도 해 주고 선물하는 사람의 이름까지 넣어 준다고 합니다. 작은 선물이지만 그 속에 IMF 한파를 이겨내려는 서민들의 정신이 담겨 있는 것 같습니다.

근검 절약은 경제 사정이 좋든 그렇지 않든 간에 시대를 초월하여 아무리 강조해도 부족하지 않습니다. 모두가 좀 더 지혜롭게, 겸손하게, 그리고 신중하게 처신을 해야 할 때입니다. 중요한 것은 마음 자세입니다. 우리 모두 이 어려운 시대에 새겨들어야 할 말씀이 있습니다.

"마른 떡 한 조각만 있고도 화목하는 것이 육선이 집에 가득하고 다투는 것보다 나으니라"(잠언 17:1)

부활과 평화

오늘은 예수 그리스도께서 죽음을 이기시고 부활하신 날입니다. 예수 그리스도의 부활을 통해 하나님은 이 땅에 살아가는 사람들에게 영원한 소망과 참된 평화를 안겨 주셨습니다. 예수 그리스도는 십자가에서 우리의 죄를 대신하여 죽으시고 부활하심으로 하나님과 원수 되었던 우리에게 화목을 회복시켜 주셨습니다. 그 결과 우리에게 참된 평화가 임했습니다. 이 부활의 소식을 듣고 믿는 자는 참된 평화를 얻게 되고 평화의 메신저가 되는 것입니다.

중세기의 위대한 설교자 프랜시스는 평화의 사도였습니다. 그는 전쟁의 화염을 뚫고 모슬렘 군대의 회교도 군주를 포함한 이교도들에게 설교하기를 원했습니다. 그는 스스로 그리스도의 빈곤을 본받아 가난 속에 거하면서 가난한 자들에게 부활과 평화를 전했습니다. 또한 그는 자연을 사랑했습니다. 그래서 자연 속에서 하나님의 사랑과 평화가 나타나 있는 것으로 이해하고 해와 달을 형제 자매로 삼아 하늘을 나르는 새를 자매라고 부르면서 새들에게까지 설교를 한 평화의 사람입니다.

그는 새들에게 이렇게 설교했습니다. "나의 자매인 새들이여, 여러분은 당신들의 창조자이신 하나님을 사랑하고, 항상 그분께 영광을 돌리지 않으면 안됩니다. 그분은 여러분들에게 깃을 주어 옷으로 삼게 하시고, 날개를 주어 날개 하셨으며, 여러분에게 모든 것을 주어 이용하도록 하셨습니다. 여러분은 심지도 않고 거두지도 않지만 하나님께서는 여러분을 보호하십니다." 그는 44세의 젊은 나이로 세상을 떠났으나 평생 부활과 평화의 소식을 전하는 사도로 살았습니다. 그가 남긴 평화의 시는 오늘도 많은 사람들을 감동을 줍니다.

"주여 나를 평화의 도구로 써 주소서
미움이 있는 곳에 사랑을
상처가 있는 곳에 용서를
분열이 있는 곳에 일치를
의혹이 있는 곳에 믿음을
오류가 있는 곳에 진리를
절망이 있는 곳에 희망을
어둠이 있는 곳에 광명을
슬픔이 있는 곳에 기쁨을 심게 하소서
위로 받기보다는 위로하며
이해 받기보다는 이해하며
사랑 받기보다는 사랑하며
자기를 온전히 줌으로서 영생을 얻기 때문이니
주여 나를 평화의 도구로 써 주소서"

2부
유대인의 정직

환경 호르몬

미국에서 출간된 '침묵의 봄'이란 책은 머지 않은 장래에 대지는 싹이 돋지 않는 불임의 땅으로 변할 것이라고 경고했습니다. 만물이 성장하지 못하는 불모지 땅, 숨쉬기조차 힘든 오염된 대기, 이름도 생소한 각종 세균이 범벅된 물, 이런 한계 상황이 가까이 오고 있다는 것입니다. 그리고 "화학 물질 남용으로 인간의 정자 수가 급격히 감소되어 인류의 씨가 마를지도 모른다."는 말도 자주 듣고 있습니다. 이 모두가 자연이 오염되어 파괴되고 있기 때문입니다. 오염된 자연은 아무 쓸모가 없습니다. 핵무기 보다 더 무서운 것이 환경 재해입니다.

암컷 소라나 고동에 수컷 생식기가 생기고 있습니다. 플로리다 호수에 살고 있는 악어는 성기가 왜소해 졌고 태평양 갈매기는 암컷끼리 짝짓기를 합니다. 미국의 10대 소녀가 질암에 걸렸는데 그 원인은 어머니가 환경 호르몬제인 유산방지부 DES를 사용했기 때문이라고 합니다. 솔벤트 세정제를 사용한 전자 공장에서 노동자 16명이 불임 판정을 받았습니다. 환경 호르몬은 내분비계를 교란하여 자연의 섭리를 헝클어 놓았습니다. 심각한 것은 환경 호르몬이 어린이들이 즐겨 먹는 맥도날드, 피자 헛 등 유명 패스트푸드 업체의 제품에서 다량 검출되었다는데 있습니다. 이 음식들은 전 세계적으로 잘 팔리는 인기 식품입니다.
 우리는 환경 호르몬의 영향에서 완전히 벗어날 수 없습니다. 그러면 어떻게 대처해야 할까요? 지구를 떠나 살 수도 없는 노릇입니다. 우리 모두가 자연 환경을 더 이상 오염시키지 않도록 노력해야함과 동시에 자연을 회복시키기 위해 이기심을 버리고 노력해야 합니다. 제품을 만드는 사람도 자연보호, 환경 보호란 명제를 기억해야 합니다. 자연을 이용하는 모든 사람들도 자연 환경 보호가 우리 자신과 자손들을 살리는 것임을 명심하고 조심스럽게 행동하고 뜻을 모아야 합니다. 자연 파괴의 원인 제공은 자연을 다스리고 관리하도록 위임받은 인간들의 범죄와 타락에 있습니다.
 성경은 말씀합니다. "땅은 너로 인하여 저주를 받고 너는 종신토록 수고하여야 그 소산을 먹으리라 땅이 네게 가시덤불과 엉겅퀴를 낼 것이라"(창세기 3:17-18)

평화주의자 바라크 장군

이스라엘의 새 총리로 당선된 에후드 바라크는 이스라엘에서 가장 많은 훈장을 받은 유명한 장군입니다. 지난 76년 뮌헨 올림픽 경기 때 이스라엘 선수를 공격한 악명 높은 '검은 9월단'에 일격을 가한 사람이 바로 바라크입니다. 그는 여자로 가장해 베이루트에 침투해서 팔레스타인 테러 조직인 '검은 9월단' 3명을 간단히 처치해 버린 용사입니다. 또한 67년 '6일 전쟁', 73년 '욤 키쭈르 전쟁', 82년 '레바논 전쟁'에 이르기까지, 이스라엘이 그동안 치른 전쟁에 빠짐없이 참전해 온 백전노장입니다. 76년에는 특공대를 이끌고 팔레스타인 게릴라들에게 납치된 벨기에 항공 인질 구출 작전에 나서서 수백 명을 구해 내기도 했습니다.

그러나 용감한 무인(武人)인 그는 피아니스트이기도 합니다. 17세에 군에 입대해서 30살이 되기도 전에 특수부대 사령관으로 오른 입지전적인 인물이기도 합니다. 그는 중동 평화에 대해서 이렇게 말했습니다. "이스라엘은 극좌와 극우 사이로 난 상식의 좁은 길을 통해 평화를 추구하는 길밖에 없다." 현실을 너무 무시하고 꿈같은 이상주의에 빠져 있는 극좌도 반대하고, 또 지나치게 호전성만을 앞세워 국민들은 국수주의로 몰고 가는 극우도 그는 경멸했습니다. "내가 만일 팔레스타인 사람이었다면 테러리스트가 되었을 것"이라고 말할 정도로 팔레스타인 사람들을 이해하는 깊이가 있는 사람입니다. 그래서 그에게 기대하는 사람들이 많습니다. 과연 화약고 중동의 평화가 이루어질까요?

  세상의 모든 사람들이 평화를 추구합니다. 그런데 인류 역사이래 지금까지 평화는 계속 위협받고 있습니다. 인간 청소로 시작된 코소보 사태가 그 예(例)입니다. 북한의 핵무기 위협은 어떻게 해결될지 암담합니다. 물론 대화를 통해 평화를 이루어야 합니다. 과연 진정한 평화는 이루어질까요? 평화를 파괴하는 것은 인종도 아니고, 핵무기도 아니며, 식량도 아닙니다. 주범은 바로 사람들입니다. 타락한 인간에 의해 죄가 들어옴으로 평화가 깨어진 것입니다. 참된 평화는 인간성 회복에 있습니다. 죄인이 변화되어 의인이 되는데 있습니다. 예수 그리스도는 진정한 평화를 주시는 분입니다.

  "평안을 너희에게 끼치노니 곧 나의 평안을 너희에게 주노라 내가 너희에게 주는 것은 세상이 주는 것 같지 아니하리라 너희는 마음에 근심도 말고 두려워하지도 말라"(요한복음 14:27)

비극의 미국의 왕자 케네디

지난 7월 16일 '미국의 왕자'로 불리며 온 미국인의 사랑을 받아오던 존 F. 케네디 2세가 비행기 추락 사고로 목숨을 잃었습니다. 자신이 몰고 가던 파이퍼 경비행기가 목적지인 케네디가(家)의 캐멜롯 성을 향하던 중 추락하여 일어난 비극적인 사건이었습니다. 미국인은 물론 세계의 많은 사람들이 애도를 표했습니다. 그를 애도하는 이유는 그가 짧은 미국 역사에 미국의 왕가로 알려져 오던 케네디 대통령 가문의 후계자이기 때문입니다. 그리고 케네디가에 연이어 일어난 비극적 사건을 기억하고 있기 때문입니다.

그는 아버지가 대통령으로 당선된 지 17일 뒤인 1960년 11월 25일 워싱턴에서 태어났습니다. 그의 뒤를 따라 태어난 동생 패트릭은 며칠 만에 조산으로 인한 호흡기 이상으로 죽었습니다. 그리고 석달 뒤인 11월 22일에는 아버지가 텍사스주 달러스에서 암살을 당했습니다.

그는 미국을 대표하는 명문 케네디가의 후계자이며 미국에서 '가장 섹시한 남자'로 꼽힌 멋쟁이였습니다. 아직도 미국인들은 그가 아버지 케네디 대통령의 장례식에서 푸른 코트와 짧은 바지를 입고 관을 향해 거수 경례를 하던 장면을 기억하고 있습니다. 그는 성장하여 연극에 발을 디뎠다가 어머니의 반대로 그만두고 변호사가 되었습니다. 그 후 검사 시보로 일하다가 어머니 재클린의 사망 후 오랜 휴식기를 가졌습니다. "조지(George)"라는 잡지를 발간해 언론인의 길을 택하기도 했습니다. 정치에 관한 질문이 계속 그를 따라 다녔으나 그는 비운의 집안을 생각해서인지 정치에 발을 디딘 적은 없었습니다. 오히려 잘 생긴 외모에 자가용 비행기를 직접 모는 '제트족'이며, 롤러 블레이드를 타는 '신세대 귀족'이었던 탓에 영화배우 못지 않게 많은 여성팬을 갖고 있었습니다.

아일랜드 출신의 카톨릭 가문인 케네디가는 대통령, 법무장관, 3명의 상원의원, 2명의 하원의원, 부주지사 등을 배출한 미국 최고의 정치 명문가입니다. 하지만 화려한 성공의 이면은 암살과 사고사, 각종 추문으로 얼룩졌습니다. 2세대에 걸쳐 모두 8명이 젊은 나이에 자연사가 아닌 원인(사고)으로 목숨을 잃었습니다. 케네디가는 부와 명예 등 그 모든 것을 얻었으나 그만큼 많은 것을 잃었습니다. 재클린에 버금가는 미모를 자랑하던 존 F. 케네디 2세의 아내 캐롤라인 버셋은 조깅 도중 만난 남편과 함께 비운을 맞이했습니다.

사고 후 비행기 잔해와 유류품들이 발견되었는데, 케네디 2세의 시신은 비행기의 잔해와 함께 발견되었습니다. 가족들만으로 치러진 수중 장례식은 많은 미국인들과 세계인들의 마음에 깊은 아픔과 동시에 많은 것을 생각하게 했습니다. 사람의 생명은 사람이 좌지우지 할 수가 없으며, 이 세상에 온 사람은 반드시 갈 수밖에 없습니다. 그 순서는 다릅니다. 그 시간을 아는 사람은 없습니다.

성경은 말씀합니다. "그러므로 모든 육체는 풀과 같고 그 모든 영광이 풀의 꽃과 같으니 풀은 마르고 꽃은 떨어지되 오직 주의 말씀은 세세토록 있도다 하였으니 너희에게 전한 복음이 곧 이 말씀이니라"(베드로전서 1:24~25) "내일 일을 너희가 알지 못하는도다 너희 생명이 무엇이뇨 너희는 잠간 보이다가 없어지는 안개니라"(야고보서 4:14)

순결 서약식(True Love Waits)

1993년 4월 미국 로즈튤립그로브 침례교회에서 59명의 청소년들이 혼전 순결 서약 예배를 드렸습니다. 이것을 효시로 미국 전역과 전 세계에 확산되고 있습니다. 우리 남천교회는 이제 제8차 순결 서약식을 가지게 됩니다. 이 순결 서약의 내용은 다음과 같습니다.

"진정한 사랑은 '그 때'까지 오래 참는 것임을 믿기에 나는 내 몸을 지으신 하나님과 내 자신과 내 가족들과 내가 교제하고 있는 이성과 그리고 내 미래의 배우자와 내 미래의 자녀들에게 이 시간 엄숙히 혼전 순결 서약을 맺습니다. 나는 결혼식을 올리는 그 날까지 성적으로 순결을 지킬 것을 서약합니다."

순결 서약식의 이름은 '진정한 사랑은 기다리는 것'(True Love Waits)으로 명명되었습니다. 이 캠페인은 순식간에 확산되었습니다. 성 개방의 미국 사회에서 이 순결 서약 운동은 선교적 사명을 외치는 것이 되었습니다. 1994년 7월 24일에는 수도 워싱턴에서 대대적인 행사가 있었는데, 수 천명의 교인들이 몰렸습니다. 행사가 있기 전 날 밤, 21만 1천 63개의 서약카드를 팻말로 만들어 의사당 건너편 잔디밭에 꽂아 놓아 다음 날 아침 모든 시민들이 보게 했습니다.

순결 서약은 이 시대에 꼭 필요한 운동입니다. 이 시대를 살아가는 우리의 자녀들은 너무도 많은 유혹 속에 노출되어 있습니다. 그것은 이 시대가 너무도 악하고 부패했기 때문입니다. 10대들의 성은 문란하고 성도덕은 파괴되고 있습니다. 요즘은 미성년자를 고용하여 술 접대와 매춘을 시키는 이른바 '영계산업'이 IMF 경제 위기 이후 번성하고 있습니다. IMF 이후 영업이 위축된 유흥업소들은 미성년 접대부를 고용해 손님 끌기에 나서고 있습니다. 취업이 어려운 10대들은 대거 유흥업소로 유입되고 있습니다. 가출 청소년 10만 여명 가운데 80% 이상이 '영계산업'에서 일하는 것으로 보인다고 청소년 보호위원회에서 밝혔습니다. 서울의 경우 영계를 주로 고용하는 단란 주점이 IMF 전인 96년 6,610곳에서 97년 6,948곳으로, 98년에는 6,906곳으로 늘어났습니다. 검찰은 10대들을 불법 고용한 단란주점을 단속했는데, 불법 고용한 여종업원 3,049명 가운데 10대 소녀가 1,309명으로 42.9%를 차지했다고 합니다. 그 뿐만 아니라 소위 원조교제의 대상 3명중 1명이 여중생이라고 합니다.

역사적으로 성도덕이 문란하면 결국 멸망합니다. 노아 홍수, 소돔과 고모라, 폼페이 화산, 로마제국의 멸망 등이 그 예(例)입니다.

성경은 말씀합니다. "그러므로 형제들아 내가 하나님의 모든 자비하심으로 너희를 권하노니 너희 몸을 하나님이 기뻐하시는 거룩한 산 제사로 드리라 이는 너희의 드릴 영적 예배니라 너희는 이 세대를 본받지 말고 오직 마음을 새롭게 함으로 변화를 받아 하나님의 선하시고 기뻐하시고 온전하신 뜻이 무엇인지 분별하도록 하라"(로마서 12:1-2)

돈 관리가 문제이다

 삼부 파이낸스 회장이 구속된 후 영업 중단 상태가 계속되던 중 청구 파이낸스도 파산 상태가 되었습니다. 웃기는 것은 사고를 낸 회장 형제가 23억 여 원을 빼내어 해외로 도망가 버렸다는 사실입니다. 용감한 사기꾼 형제의 계획적인 음모였습니다. 이들의 사기 행각은 대부분 고객 투자금을 유용한 것이어서 그들을 붙잡는다고 해도 860억의 피해액을 얼마나 건질 수 있을지 의문입니다.
 삼부와 청구 사태가 일어나자 신규 투자금은 당연히 끊어져 버렸고, 자본금이 모자란 채 운영해 오던 금융업계 전체가 돈을 지불해 주지 못하는 심각한 상태에 빠졌습니다. 그 뿐만 아니라 부산 지역 자금 수요의 30%를 담당했던 파이낸스가 파산상태에 빠져 버리자 대출금 회수 사태가 일어났습니다. 그 여파로 영세 상공인들과 중소기업들은 최악의 자금난으로 심각한 어려움에 처했습니다. 이렇게 되자 사채 시장의 이자율은 담보물을 가져오는 경우에는 3부 5리에서 5부로, 무담보의 경우에는 최고 10부까지 뛰었다고 합니다. 삼부와 청구 파이낸스에 투자한 사람들은 당연히 대규모 옥외 집회를 열고 금융 당국과 부산시에 대책 수립을 요구하고 있습니다.
 이 시점에서 우리는 근본 문제가 무엇인가를 생각해봐야 합니다. 한 마디로 돈 관리의 문제입니다. 돈 관리를 잘못한데서 이 난리가 온 것입니다. 먼저 파이낸스 경영자들의 무책임과 윤리성은 결여되어 있었습니다. 고객들로부터 투자금을 받았으면 성실하게 관리하고 운영하여 이익을 돌려주는 것이 기본적인 의무이자 상식입니다. 그런데 그들은 자기들의 돈인 것처럼 제멋대로 탕진해 버렸습니다. 이것은 완전한 사기꾼들의 작태입니다.

또한 당국의 무책임입니다. 당국은 사고를 예견했으면서도 제도권 금융이 아니라는 이유로 사태를 방치했습니다. 그러다가 사건이 터지자 야단법석을 하고 있는 모습은 '소 잃고 외양간 고치는 격'이 되고 말았습니다. 고질적인 공무원들의 무사안일주의와 몸을 도사리는 복지부동의 결과입니다. 투자자들에게도 책임이 있습니다. 높은 이자에 욕심을 내다가 사채업과 다를 바 없는 파이낸스에 돈을 맡긴 것은 지나친 욕심이었습니다. 너무 위험한 시도였기 때문입니다.

우리는 이 사태를 보면서 돈 관리를 지혜롭게 해야함을 절실히 느낍니다. 돈은 내 것이 아닙니다. 하나님께서 주신 것입니다. 그러므로 내 욕심대로, 내 마음대로 사용해서는 안됩니다. 책임 있게 관리하고 사용해야 합니다. 지나친 집착은 탐욕입니다. 탐욕을 부리면 돈 관리는 허술해지고 결국 손해를 보게 됩니다. 돈을 가장 잘 관리하는 것은 선을 위하여 사용하는 것입니다. 욕심을 버리고 의를 위하여, 이웃을 위하여 사용하는 것입니다. 그리고 최고의 돈 관리는 하늘 나라에 보화를 쌓는 것입니다.

예수님은 말씀하셨습니다. "오직 너희를 위하여 보물을 하늘에 쌓아두라 저기는 좀이나 동록이 해하지 못하며 도적이 구멍을 뚫지도 못하고 도적질도 못하느니라 네 보물 있는 그 곳에는 네 마음도 있느니라"
(마태복음 6:20-21)

불법 도청과 감청

얼마 전 종합 일간지에 "국민 여러분, 안심하고 통화하십시오."라는 제목의 광고가 실렸습니다. 이것은 관계 당국이 적법 절차를 밟아서 감청을 했다는 해명이었습니다. 그런데 오히려 설득력이 모자랐는지, 국민들에게 불법 도청과 감청에 대한 공포와 불안을 주는 결과를 가져왔습니다. 국회에서도 불법 도청과 감청 문제로 인해 뜨거운 공방이 벌어질 전망입니다.

관계 당국은 98년도 상반기에는 감청 건수가 3,580건이었으나 99년 상반기에는 2,103건으로 줄어들었다고 보고했습니다. 그러나 야당 의원이 밝힌 자료에는 국정원의 경우 98년 감청 건수가 1,399건인데 비해 99년 상반기에만 839건에 달하여 오히려 증가 추세라고 주장하고 있습니다. 휴대폰의 경우 통화 내용의 감청은 아니더라도 통화 사실의 유무 확인, 통화의 빈도 조사에 따른 추적 등이 이루어지고 있다고 합니다. 이것은 분명히 사생활 침해입니다. 정부에서는 합법 도청과 감청이라고 주장하며 불법 도청과 감청은 없다고 합니다. 그러나 상당수의 국민들은 사회 전반에 걸쳐 불법 도청과 감청이 횡행하고 있으며 누군가가 나의 통화 내용을 듣고 있다는데 불안과 공포감을 가지고 있습니다.

사실 서민들의 일상 대화나 법에 저촉될 것이 없는 통상적인 일들은 누가 도청이나 감청을 한다고 해도 불안해 할 사람은 없습니다. 하지만 비밀을 유지해야 하는 대화, 가족 사이의 긴밀한 이야기, 사업가들의 중요한 정보 교환, 연인들끼리의 사랑의 속삭임 등 그들만 소유하고 싶어하는 순수하고 아름다운 대화를 누군가 모두 듣고 있다면 이것은 분명해 개인 사생활 침해입니다. 그렇게 되면 누가 편하게 전화하겠습니까? 어떻게 아무데서나 이야기를 쉽게 나눌 수 있겠습니다. 이것은 분명 사생활에 대한 구속(拘束)입니다. 그리고 불법 도청과 감청이 계속되는 한 우리는 자유를 잃게 됩니다.

우리는 불법 도청과 감청 사건을 보면서 이 세상에는 결코 비밀이 존재할 수 없다는 사실을 다시 한번 확인하게 됩니다. 앞으로 통신 시설이 더 발전할 경우 우리의 모든 대화는 다 들리고 회생시킬 수도 있을 것입니다.

그러나 우리가 더 두려워해야 할 것이 있습니다. 우리의 "마음의 생각과 뜻을 감찰하시는"(히브리서 12:4) 하나님이 계시며, 그분은 "주께서 나의 앉고 일어섬을 아시며 멀리서도 나의 생각을 통촉하시오며 나의 길과 눕는 것을 감찰하시며 나의 모든 행위를 익히 아시오니 여호와여 내 혀의 말을 알지 못하시는 것이 하나도 없으시니이다"(시편 139:2-4)라는 말씀입니다. 하나님 앞에서는 세상 사람들의 도청과 감청을 피한 은밀한 일과 마음의 생각까지도 다 드러나게 될 것입니다.

월세집에 사는 독일 의장

볼프강 티르제 독일 연방하원 의장은 지난 해 사민당의 총선 승리로 공관으로 집을 옮겨야 했습니다. 그런데 그는 20년 동안 살고 있던 동베를린의 아파트를 그대로 고집하며 이사를 하지 않겠다고 해서 주인과 신경전을 벌이고 있다고 합니다.

그는 월세 500마르크(30만원)짜리 초라한 아파트에 살고 있습니다. 하지만 의장 관저는 서베를린 지역 고급 주택가에 있습니다. 그의 이사를 위해 30여 억 마르크나 들여 수리했습니다. 하지만 그는 가지 않겠다고 고집을 부리고 있습니다. 그런데 전세집 주인은 낡은 이 집에 색칠도 하고 난방 시설을 해서 집세를 올려 받으려는 계획을 가지고 있었습니다.

그런데 티르제 장관은 지금 그대로 만족하고 있다고 합니다. 집주인이 잘 닫히지 않는 문짝을 고치려 하자 월세금이 오른다고 거절하기까지 했습니다. 집 창문만이라도 방탄용으로 바꿔 끼우자고 경찰이 나섰지만 이번에는 집주인이 반대를 했습니다. 우스운 것은 집주인은 티르제 의장을 내쫓기 위해 여러 가지로 궁리를 해 보았으나 허사였다는 사실입니다. 고성 방가를 질러 이웃을 방해한다거나 월세를 제대로 내지 않을 경우에는 축출의 사유가 되지만 티르제 의장과는 전혀 상관이 없는 일입니다. 그래서 집주인은 "이곳은 서민 주거용이지 국회 의장처럼 월급을 많이 받는 사람들이 사는 곳이 아니다."라는 상식으로 호소했지만 소용이 없었습니다. 일부 독일 정계 인사들은 티르제의 행동에 별로 호의적이지 못하다고 합니다. 소위 국회 의장이면 직위에 맞는 품위도 생각해야 한다고 주장했지만 그는 끄떡도 하지 않았습니다. 그는 수행원을 거부하고 비행기도 일반석에 탑니다.

우리는 독일인의 근검 절약정신을 잘 압니다. 헬무트 콜 정권 시절 재무장관 바이겔이 자신의 BMW를 자그마치 50만km, 년수(年數)로는 20년 가까이 타고서야 폐차시킨 이야기는 두고두고 화제가 되고 있습니다. 작년 가을에는 헤어초크 독일 전 대통령이 내한해서 호텔에 투숙했었습니다. 그런데 그는 20장의 수건 가운데 단 두 장만을 사용했고, 양말은 화장실에 빨아 말렸습니다. 외출할 때는 켜 두어야 하는 표시등까지 찾아서 끄고 나가 화제가 됐습니다.

독일인들은 지금도 나치 시대에 유행했던 꿀꿀이 죽이랄 수 있는 일과 요리를 즐겨 먹고 있다고 합니다. 13~14세기 한자동맹의 중심 도시였던 뤼베크에 가보면 2,600~2,700년 전에 지은 옹색한 집에서 불편 없이 그대로 살고 있는 것을 볼 수 있습니다. 15세기에 지었다는 선원 조합의 음산한 집에서는 옛 테이블과 의자를 그대로 두고 북(北)독일 요리 식당을 운영하고 있습니다. 이유는 법으로 내부 개조가 불가능했기 때문입니다. 그리고 옛 구조 내에서 현대 생활을 영위하는 불편을 감내한다는 게르만의 근검 정신이 있었기 때문입니다.

호화판 집을 짓고 각종 비리 사건이 터지고 있는 지금의 우리 형편과 비교해 볼 때 꿈과 같은 일이 아닐 수가 없습니다.

성경은 말씀합니다. "스스로 부한 체하여도 아무 것도 없는 자가 있고 스스로 가난한 체하여도 재물이 많은 자가 있느니라"(잠언 13:7) "망령되이 얻은 재물은 줄어가고 손으로 모은 것은 늘어가느니라"(잠언 13:11) "마른 떡 한 조각만 있고도 화목하는 것이 육선이 집에 가득하고 다투는 것보다 나으니라"(잠언 17:1) "내일 일을 너희가 알지 못하는도다 너희 생명이 무엇이뇨 너희는 잠간 보이다가 없어지는 안개니라"(야고보서 4:14)

인현동의 라이브 || 호프집 화재 참사

    인천 중구 인현동에서 화재 사고가 있었습니다. 불이 나고 30분만에 진화되었으나 이 짧은 시간에 수많은 생명이 숨졌습니다. 특히 중고등 학생들이 52명이나 참변을 당한 후 시체더미가 되어 호프 집안에 겹겹이 쌓여 있었다고 합니다. 너무도 참담하고 기가 찬 일입니다.
    1층 식당에 있던 사람들은 '불이야!' 라는 소리에 모두 다 빠져나가 화를 면했습니다. 그리고 2층과 3층 사이 계단의 호프집에서 빈자리를 기다리던 10여명은, 불이 나자 3층 당구장으로 올라가 유리창을 깨고 7m 아래로 뛰어내렸습니다. 문제는 2층의 호프집이었습니다. 지하에서 불길이 올라오자 학교 축제 뒤풀이와 생일 파티를 위해 55평의 공간에 몰려있던 120여명의 학생들은 혼비백산이 되었습니다. 세 차례 이어진 폭발과 유리창 깨지는 소리에 놀랐습니다. 검은 연기가 철제문을 통해 밀려들고 천장의 장식품들이 떨어지기 시작하자 출입구 반대편인 주방과 화장실 사이로 몰렸습니다. 그러나 그곳은 창문을 깰 수 없도록 만든 통유리였습니다. 결국 우왕좌왕하던 학생들은 유독가스 때문에 숨을 쉬지 못하고 차례로 쓰러지고 말았습니다.
    이 장면을 연상했던 부모들의 마음이 어땠겠습니까? 물론 일찍 나왔거나 3층에서 뛰어내려 구사일생으로 생명을 건진 학생들도 있습니다.

그러나 이런 경우는 어떻게 해야 합니까? 생일 잔치에 초청 받은 같은 반 아이 9명이 떼죽음을 당했습니다. 그러나 약속 장소를 잘못 알고 다른 곳으로 간 아이 6명은 목숨을 건졌습니다. 또한 파출부하는 어머니를 돕겠다고 엄마 몰래 몇 달 전부터 아르바이트를 하던 외동딸이 참변을 당했습니다. 아들의 시신을 확인하기 위하여 10여 개의 병원을 돌아다니는 부모, 축제 분위기에 휩쓸려 친구들과 뒤풀이하러 갔다가 죽음을 당한 중학생, '7대 독자를 이렇게 보낼 수 없다.'고 오열하는 어머니 등 실로 가슴이 아프고 미어지는 참담한 광경을 우리는 다시 보게 되었습니다. 씨랜드 참사로 유치원 어린 아이들이 참변을 당한지 불과 몇 달도 되지 않았는데 말입니다.

우리는 이런 대형 사고가 일어나게 한 장본인들을 질타해야 합니다. 원인을 규명하고 책임을 추궁해야 합니다. 왜냐하면 또 다시 이런 유사한 사건들이 계속 일어날 수 있기 때문입니다. 화재에 전혀 무방비 상태인 시설, 안전 점검 부재, 청소년들에 술을 파는 행위, 청소년들의 놀이 공간 부재, 부모와 교사들의 교육 부족 등을 살핀 후 각성하고 대비해야 합니다. 청소년들의 탈선과 비행, 범죄 행위는 매우 급증하고 있는 심각한 사회 문제입니다. 술집, 노래방, 비디오방, 오락실 등 수백 개의 유흥업소 안에는 전부 중고등학교 학생이라고 합니다. 보통 문제가 아닐 수 없습니다. 이제 정말 정신을 차려야 할 때입니다. 그것이 화를 막는 길이요 사는 길입니다.

우리는 예수님의 경고를 기억해야 합니다. "또 실로암에서 망대가 무너져 치어 죽은 열여덟 사람이 예루살렘에 거한 모든 사람보다 죄가 더 있는 줄 아느냐 너희에게 이르노니 아니라 너희도 만일 회개치 아니하면 다 이와 같이 망하리라"(누가복음 13:4-5)

고문 기술자

 이근안 전 경기 지방 경찰청 공안 분실장이 자수를 위해 스스로 수원 지검 성남 지청으로 찾아왔습니다. 88년 이후 잠적한지 11년만이었습니다. 그는 자술서를 통해 "최근 재판을 받은 동료들의 형량이 비교적 가벼웠고 오랜 도피 생활에 지쳤다. 재판을 보고 마음이 안정이 되었고 심경의 변화를 느꼈다."고 자수 이유를 밝혔습니다.
 그는 '이근안이 없으면 수사가 안 된다.'는 말이 나돌 정도로 대공 공안 분야의 전문이었습니다. 그는 16차례의 표창을 받았는데 그 중에 대통령 훈장이 있을 정도의 인정받는 경찰이었습니다. 그러나 그는 무서운 고문 기술자였습니다. 소위 '반달곰', '박중령' 등의 별명을 가진 음지의 고문 기술자로 지목될 정도였습니다. '관절 뽑기', '볼펜심문', '박달나무 구타' 등 각종 고문 기술에 통달했습니다. 다른 기관에 '고문 출장'을 다닐 정도였습니다. "칠성판(고문기구)은 나의 발명품이다.", "내가 손대면 입을 열게 되어 있다."라는 위협적인 말을 연행자들 앞에서 서슴지 않았다고 합니다. 그에게 고문을 받은 사람들은 그를 '구릿빛 얼굴, 핏발선 눈, 굵은 목, 딱 벌어진 어깨, 솥뚜껑처럼 큰 손' 등으로 기억하고 있습니다. 그의 고문은 예전부터 행해져 왔던 것입니다. 그러다가 자연스럽게 숙련된 고문 기술자가 된 것입니다. 피해자들은 통닭구이, 꺾기, 고춧가루 붓기, 비녀 꼽기, 물 고문, 전기고문 등이 행해졌다고 증언합니다.

이근안은 그 동안 많은 곳을 다니며 숨어 지냈다고도 하고, 자기 집에 숨어 지냈다고도 했습니다. 비호 세력이 있다는 말도 있습니다. 어쨌든 그는 더 이상 피해 다니기가 지쳐 자수했다고 합니다. 어떤 분들은 치밀한 계산 끝에 자수한 것이라고 말합니다. '왜 하필 이때인가?'라고 의심하는 사람도 있습니다.

결국 그의 자수는 죄 짓고는 편안한 삶을 살 수 없다는 사실을 입증해 주었습니다. 물론 세상 사람들은 속일 수도 있습니다. 따돌릴 수도 있습니다. 심지어 자기 양심도 속일 수 있습니다. 죄 짓고도 끝까지 부인하는 사람이 한 둘이 아닌 것을 보면 알 수 있습니다. 그러나 하나님은 속이지 못합니다. 하나님은 사람의 마음과 생각까지 다 살피고 아십니다. 그 뿐만 아니라 반드시 심판하십니다. 이 땅에서 심판 받지 않는다고 해도 내세에서는 틀림없이 심판하십니다. 그러므로 죄를 짓지 말아야 합니다. 즉시 회개해야 합니다. 이것이 심판을 면하는 길입니다. 죄 용서를 받고 마음의 평화를 얻는 길은 하나님 앞에서 참된 회개를 하는 것뿐입니다.

성경은 말씀합니다. "삭개오가 서서 주께 여짜오되 주여 보시옵소서 내 소유의 절반을 가난한 자들에게 주겠사오며 만일 뉘 것을 토색한 일이 있으면 사 배나 갚겠나이다 예수께서 이르시되 오늘 구원이 이 집에 이르렀으니 이 사람도 아브라함의 자손임이로다 인자의 온 것은 잃어버린 자를 찾아 구원하려 함이니라"(누가복음 19:8-10)

거짓말 거짓 세상

나라 전체가 온통 거짓말로 덮인 것 같은 분위기입니다. 옷 로비 의혹 사건 청문회 때 네 명의 말이 전부 달랐습니다. 분명히 거짓말을 하고 있다고 생각했는데 정말로 거짓말이 드러났습니다. 여러 문건이 드러나면서 여인들의 거짓말보다 더 크고 심각한 거짓말이 드러났습니다. 거짓말하는 범죄자를 잡아 들여 처벌하는 전직 검찰 총장이 공무상 비밀 누설을 해 놓고 거짓말을 했습니다. 그 부인도 거짓말을 한 것이 드러났습니다. 뿐만 아니라 청와대 법무 비서관은 허위 공문서를 작성하여 대통령에게 보고함으로 국정 최고 통치자의 판단을 흐린 과감한 거짓말을 했습니다.

거짓말은 여기서 끝나지 않고 새로운 국면으로 들어서고 있습니다. 야당은 옷 로비 사건을 일으킨 신동아 측이 대(對)정권 로비를 했다고 집중 공세를 펴고 있습니다. 또한 김태정 전(前) 법무장관과 박주선 전(前) 청와대 법무비서관이 옷 로비 사건을 조작 은폐하려는 의혹이 드러났기 때문에, 이제는 신동아 그룹의 로비스트인 '박시언 커넥션'을 밝혀야 한다고 야단입니다. 로비 행태(行態)나 정권 핵심자들과의 관계를 밝혀 내야 하는 등 아직도 조사해야 할 거짓말이 많이 남아 있습니다. 어떤 거짓 말이 드러나고 만들어질지도 모르는 거짓말 세상이 되고 말았습니다.

  그 뿐만이 아닙니다. 가장 깨끗하고 도덕적인 귀감이 되어야 할 대학 교수들의 입시 비리가 계속 터져 나오고 있습니다. 음악대학 교수들은 거액의 돈을 받고 매수를 당했습니다. 결국 매수한 학생의 실기 점수를 올려 주어 실력이 더 나은 학생은 탈락하고 매수한 학생은 합격한 거짓말 사건이 드러났습니다. 토목, 건축과 교수들이 대형 공사 심사위원으로 활동하면서 건설 업체들로부터 금품을 받고 심사 점수를 조작한 거짓 사건이 드러나 충격을 더해 주고 있습니다. 점수 조작 사건은 장기간에 걸쳐 진행된 것이었습니다. 이 사건은 문제를 일으킨 교수들의 도덕 불감증이 이미 습관화되었음을 입증하고 있습니다.

  아직도 밝혀져야 할 거짓말 사건들이 많습니다. 앞으로 어떤 거짓말 사건이 나타날 것인지 아무도 모릅니다. 거짓말이 어디서 왔습니까? 죄악에서 시작되었습니다. 태초에 에덴 동산에서 하와는 하나님께서 금하신 선악을 알게 하는 나무의 실과를 따먹었습니다. 하나님과 같이 지혜롭게 될 것이라는 사탄의 거짓말에 넘어간 것입니다. 이 때부터 거짓말은 이 세상에 들어 왔고, 결국 인간을 타락과 부패로 몰아 넣었습니다. 그 결과 불행과 고통을 초래하게 되었습니다. 거짓말은 반드시 드러납니다. 사람은 속일 수 있을지 모르나 전능하신 하나님은 속일 수 없습니다. 거짓말 세상 속에서 우리만이라도 진리를 외쳐야 합니다. 그것이 우리의 의무이자 책임입니다.

  "의인은 거짓말을 미워하나 악인은 행위가 흉악하여 부끄러운 데 이르느니라 의는 행실이 정직한 자를 보호하고 악은 죄인을 패망케 하느니라"(잠언 13:5-6)

성탄절과 연말에 가지고 싶은 마음

　세계적인 컴퓨터 제왕이자 부호로 알려진 빌 게이츠(43)와 세계 언론 왕으로 알려진 재벌 테드 터너(58)는 내년 말까지 '소아마비 퇴치'를 목표로 각각 5,000만 달러와 2,800만 달러를 세계보건기구(WHO)에 기부하겠다고 밝혔습니다. 이들은 종종 보통 사람이 상상하기 어려운 큰 돈을 구제와 자선금으로 선뜻 기증해왔습니다.
　총 자산이 1,000억 달러를 넘는 '세계 최고 부호'인 게이츠는 마이크로 소프트(MS)사의 회장입니다. 그는 94년에 자기 아내와 함께 '빌 & 멜린다 게이츠 재단'을 세워서 총 170억 달러의 기금으로 자선 사업을 시작했습니다. 그는 도서관-학교-인터넷 망 구축에 3억 달러, 소수인종 진학을 돕기 위한 장학 사업에 10억 달러를 쾌척했습니다. 그리고 공공 보건 분야에 3억 2,200만 달러를 기부했으며, 특히 제3세계 에이즈-말라리아 백신 개발과 보급을 위해서 각각 5,000만 달러와 2,500만 달러를 내 놓았습니다. 출산과 관계된 사망을 방지하기 위한 연구비로 콜롬비아 대학에 5,000만 달러를 기부하기도 했습니다.
　특이한 것은 그의 아내도 남편과 함께 큰 손의 자선가라는 사실입니다. 그녀는 어린 시절 어려운 속에서 공부한 경험을 항상 기억했습니다. 그래서 불우한 어린이들의 건강과 교육 문제에 관심을 가지고 선한 일에 나서게 되었습니다. 가족의 가치를 소중히 여겨 사생활 공개는 거부하면서도 자선 사업을 위해서는 일주일에 하루를 내는 열성을 가진 여인입니다. 이들 부부는 두 자녀인 제니퍼(3)와 로리(6개월)에게 '유산으로 1,000만 달러만 남겨두겠다' 고 말했습니다. 그러나 컴퓨터 프로그램 사업에서 세계 1위를 달리고 있으면서 재산 환원에도 '세계 최고' 를 꿈꾸고 있습니다.

역시 세계적 뉴스 채널 CNN의 창립자 테드 터너도 매년 UN에 10억 달러씩 10년 간 기부하기로 한 약속을 지키고 있는 자선가입니다. 그는 게이츠에게 '그 많은 돈을 은행에 처박아 두어서야 무슨 소용이 있는가? 그것은 자네가 돈으로 할 수 있는 가장 불쌍한 일이라네.' 라는 충고로 그를 감동시켜 자선을 실천에 옮기게 한 사람입니다.

서구의 재벌들은 전통적으로 많은 구제, 자선, 기부를 하는 아름다운 신조를 가지고 있습니다. 유명한 강철왕 카네기의 자선은 이미 소문나 있으며, 석유왕 록펠러 또한 엄청난 돈을 기부한 사람입니다. 미국과 구라파의 아름다운 교회와 유명한 학교 건물들은 이런 자선가들의 기부로 지어진 곳들이 많습니다. '많은 돈을 남기고 가는 죽음은 치욕적인 삶' 이란 앤드류 카네기의 신조는, 모든 것이 하나님으로부터 온 것임으로 하나님의 영광을 위해 하나님의 것을 사용한다는 성경의 가르침을 바로 이해한 것입니다. 돈과 재물은 우리가 이 세상에 존재할 때만 필요하고 어떻게 사용되느냐에 따라 그 가치가 결정됩니다.

"이는 만물이 주에게서 나오고 주로 말미암고 주에게로 돌아감이라 영광이 그에게 세세에 있으리로다 아멘"(로마서 11:36)

산타클로스가 필요한 시대

오래 전 미국에서 '산타클로스가 있는가?' 라는 질문이 아주 화제가 된 적이 있습니다. 이것은 버지니아의 '오 핸런' 이라는 8세 소녀가 「뉴욕 선」이란 신문에 편지를 보낸 것에서부터 시작되었습니다. "편집장 아저씨께, 저는 올해 여덟 살인데요. 제 꼬마 친구 중에 어떤 애들이 산타클로스가 없다고 우기고 있어요. 아빠는 제게 '그런 건 「선」지에 알아 보는 게 좋겠다' 고만 말씀하십니다. 솔직히 말씀해 주세요. 산타클로스는 진짜 있나요?"라는 내용이었습니다. 논설위원 프랜시스 처치가 답장 형식의 편지를 보냈습니다. "산타클로스는 정말 있단다. 요즘 사람들은 걸핏하면 의심하기를 좋아하는 세상에 살고 있기 때문에 어린 친구들도 물이 들어서 산타클로스 할아버지를 의심하는 거야. 그 사람들은 꼭 눈으로 볼 수 있는 것이 아니면 믿으려 들지 않지. 그들은 자기의 좁은 마음으로 이해할 수 없는 것이면 모두 거짓이라고 생각한단다. 다행히도 산타클로스는 살아있고 영원히 살아있을 거다. 천년이 지나도, 아니 만년이 열 번 지나도 산타클로스는 어린이들의 마음을 계속 즐겁게 해 줄 거란다."

산타클로스 대한 설은 여러 가지입니다. 그 중 하나를 소개합니다. 지중해 연안 케일이란 마을에 한 성자가 살고 있었습니다. 그는 로마

제국이 핍박할 때 투옥되었다가 사형 직전에 콘스탄틴 대제가 기독교를 공인함으로 풀려났습니다. 그는 고아, 전과자, 창녀, 가난한 어부, 병자들의 친구로 살았습니다. 특히 성탄절이 다가오면 한밤중에 선물이 가득 담긴 커다란 자루를 들고 마을을 순회하면서 가난하고 병든 아이가 있는 집을 찾아서 남몰래 선물을 나눠주었습니다. 그 사람의 이름은 니콜라스였습니다. 사람들은 그의 숨은 선행을 기억하여 성자로 추앙해서 '성 니콜라스' 라고 불렀습니다. 이 '성 니콜라스' 의 이름이 발음이 변하여 '산타클로스' 가 된 것입니다.

올해는 다른 해에 비해 구제 기관이나 불후 단체에 선물을 보내거나 후원금을 보내는 사람이 줄었다고 합니다. 오히려 특급 호텔마다 만원이고 비행기는 예약이 끝났다고 합니다. 유명한 장소와 이름난 식당도 만원 사례라고 합니다. 하지만 한편에서는 어려움을 당하는 사람들이 더 많아지고 있는 것이 우리의 현실입니다.

산타클로스는 있어야 합니다. 이 시대에는 산타클로스가 필요합니다. 산타클로스는 성 니콜라스만이 아닙니다. 하나님의 거룩한 백성인 우리 모두가 산타클로스입니다. 영원한 선물을 주시려고 영원한 산타클로스로 이 땅에 찾아오신 예수 그리스도를 본받아 산타클로스가 필요한 그들에게 산타클로스가 되어야 하겠습니다.

"인자의 온 것은 섬김을 받으려 함이 아니라 도리어 섬기려 하고 자기 목숨을 많은 사람의 대속물로 주려 함이니라"(마가복음 10:45)

새 천년을 맞이하는 목회자의 기도

사랑의 하나님 아버지,
우주를 창조하시고 인류 역사를 운행하시며 통치하시는 전능하신 하나님 아버지,
온통 부끄러움과 죄악으로 얼룩진 우리들의 소행을 보지 않으시고 새로운 천년을 허락하여 주셔서 그 첫 시간 지존하신 주님 앞에 나와 다시 소망을 가지고 달려가게 해 주신 은혜를 감사합니다.
주여,
우리의 지나간 날들의 모든 죄와 허물을 용서해 주시고 우리의 나태함, 불충성, 경건의 모양은 있으되 능력은 없는 우리의 위선, 세속에 젖어 주의 말씀에 불순종한 것 등 의와 진리와 거룩이라는 하나님의 형상을 상실한 우리의 모든 죄를 이 시간 고백하오니 갈보리 산 위에서 흘리신 주의 보혈로 눈같이 양털같이 희게 씻어 주소서.
사랑의 주님,
새 천년에는 우리 모두가 진실로 주님을 더욱 사랑하고 주의 형상을 닮아가게 하소서. 새해에는 주의 몸된 교회를 더욱 사랑하고 헌신하게 하소서. 새로 맞이하는 올해에는 우리 가족들이 말씀 안에 하나가 되게 하소서. 새 천년에는 우리의 이웃을 향한 사랑이 진하게 이루어지게 하

소서.

　교회의 머리되신 주님,
　새 천년에는 우리 남천 교회가 거룩한 열정과 주의 나라를 위한 비전 있는 교회로 성장케 하소서. 우리 교회에 말씀의 은혜가 충만하여 영혼이 소생되고 강건해지며 초대 예루살렘 교회처럼 수많은 영혼들이 구름 떼 같이 몰려와 구원받는 역사가 있게 하소서. 새해에는 성도의 아름다운 교제가 온 교회 안에 충만케 하소서. 신실하고 충성된 일군들을 세우시어 주의 교회가 힘차게 전진하게 해 주소서. 우리의 장막 터를 넓혀 주시고 넓은 예배당과 교육할 수 있는 좋은 시설들을 확보하게 해 주소서. 이제 오대양 육대주를 넘어 아프리카와 전 세계에 주의 복음을 들고 나가는 선교사들을 더욱 많이 파송 하는 교회가 되게 하소서.
　복의 근원 되신 주님,
　새해에는 주의 백성들의 산업을 축복하시어 풍성한 복을 받아 주의 나라와 주의 영광을 위하여 아낌없이 기쁨으로 물질을 사용하는 축복을 내려주소서. 모든 성도들에게 건강의 복을 주시어 힘있게 주를 섬기는 종교적인 사명과 자신들에게 주신 달란트로 각 분야에서 문화적인 사명을 잘 수행하게 하소서. 우리의 자녀들에게 지혜와 믿음과 건강을 주시어 이 세상을 정복하는 경건한 자손들이 번창하게 하소서.
　은혜가 충만하신 주님,
　새해에는 우리 모두에게 기도의 영을 부어 주시어 열심히 기도함으로 풍성한 응답을 받아 감사로 충만한 한 해가 되게 하소서. 모든 주의 종들에게 성령의 충만함을 주셔서 성령의 열매가 온 교회 안에 풍성케 하소서. 우리 남천 교회가 주님 보시기에 아름다운 교회가 되어 "오직 주님, 오직 말씀" 중심으로 지상에서 모범적인 교회, 이상적인 교회로 성장하게 하소서. 그래서 오직 주님께만 영광 돌리게 하소서. 어제나 오늘이나 영원토록 동일하신 우리 주 예수님 이름으로 기도하옵나이다. 아멘.

서로 돌아보는 사랑과 선행 왕을 꿈꾸자

지난 해 12월 서울대 동창회는 '명예 회원 추대식'을 가지고 연로한 할머니 두 분을 서울대 동창회원으로 모셨습니다. 한 분은 평생 삯바느질로 모은 재산 10억 원을 아프고 돈 없는 사람들의 치료에 사용해 달라고 서울대 병원에 맡긴 이순옥(88) 할머니입니다. 그리고 또 다른 한 분은 잠옷 장사와 목욕탕 운영으로 모은 10억 원을 같은 병원의 불우환자치료와 질병 연구비로 내놓은 김선용(72) 할머니였습니다.

이 분들 뿐만이 아닙니다. 지난 해 수해 때, "하나님 사업을 위해 쓰기로 자식과 약속했다."며 거금 5천만 원을 신문사 수재의연금 창구에 내놓고 끝내 이름을 밝히지 않은 할머니도 있습니다. 4남매를 모두 잘 키워 성공시킨 한 할아버지는 칠순 잔치 비용으로 자식들이 내놓은 1,000만원을 한 양로원에 맡기고 시골로 잠적해 버렸다고 합니다. 그 할아버지는 "나는 많은 사람의 도움으로 덕분에 잘 살아왔어. 잔치는 무슨 잔치야."라는 말을 남겼다고 합니다. 꽃동네의 병든 노인들을 씻겨주는 청년들, 정이 그리운 영아원 아기들을 한 번 안아주면 떨어지지 않아 애를 먹는다면서도 빠짐없이 영아원을 찾는 젊은 주부들, 소년소녀 가장들에게 때가 되면 김장을 챙겨주는 어머니들, 이들처럼 우리 주위에는 사랑을 베푸는 사람들이 아직도 많습니다.

신라호텔 일식당 '아리아께'에서 일하는 안효주 조리 과정(42)은 초밥 밥알 개수까지 정확히 알아 맞춰 '한국의 초밥 왕'으로 불린다고 합니다. 그런데 그는 지난 1년 동안 후배 조리사 2명과 함께 홀로 사는 할머니들의 단칸방에 찾아가서 한 달에 한 번 초밥을 직접 만들어 대접했습니다. 술 마시며 버릴 돈, 좋은데 쓰자며 주방팀의 망년회도 양로원을 찾아가는 것으로 대신했습니다. 그는 80여명의 노인이 먹을 초밥을 만들고 나면 주먹이 얼얼하고 팔이 아프다고 합니다.

그는 어려운 학생 시절에 고등학교를 졸업하고 무작정 상경해서 생계를 위해 일식집에 취직했습니다. 조리사의 길에 들어선 뒤 냄비 닦는 일부터 시작해서 어렵게 요리를 배웠습니다. 그는 이미 "나중에 요리사로 성공하면 불우한 이웃을 돕자."고 친구와 약속을 했다고 합니다. 그리고 앞만 보고 달려온 지 20년 만에 특급호텔의 총 주방장 자리에 올라 약속을 지키고 있습니다. 그는 직장에서는 초밥 왕으로, 사회에서는 선행 왕으로 불리고 있습니다.

나눔과 베풂은 특정인들의 몫만은 아닙니다. 우리 모두가 사랑과 선행에 동참할 수 있으며 당연히 관심을 가져야 합니다. 하나님의 백성인 우리는 서로 돌아보아 사랑과 선행을 실천하는 것이 생활화되고 꿈이 되어야 합니다. 이왕이면 사랑과 선행 왕이 되는 꿈을 꾸고 거기에 도전해 보는 당찬 다짐을 해봅시다. 그래서 많은 사랑과 선행 왕들이 나타나기를 기대해봅시다. 그리고 우리 자신이 그런 사람이 되는 꿈을 가져 봅시다.

"그 때에 임금이 그 오른편에 있는 자들에게 이르시되 내 아버지께 복 받을 자들이여 나아와 창세로부터 너희를 위하여 예비 된 나라를 상속하라 내가 주릴 때에 너희가 먹을 것을 주었고 목마를 때에 마시게 하였고 나그네 되었을 때에 영접하였고 벗었을 때에 옷을 입혔고 병들었을 때에 돌아보았고 옥에 갇혔을 때에 와서 보았느니라"(마태복음 25:34-36)

낙선운동

한국 정치사에서 있어서 최초이자 놀랄만한 사건인 '총선 후보 낙선운동'이 터지자 정치권은 온통 벌집을 쑤셔 놓은 것 같이 야단법석입니다. 시민 단체의 '총선 후보 낙선운동'은, 경실련이 공천 부적격자 명단을 발표하자 뒤이어 412개 단체가 '2000년 총선 시민연대'를 구성하고 공천 감시와 낙선운동을 벌일 것을 선언하면서 시작되었습니다. 시민연대는 오는 20일 50여명의 '공천 반대 리스트'를 발표하여 낙선운동을 펼 계획입니다. 이미 홍사단 등 48개 단체로 구성된 공명선거실천시민운동협의회는 후보들의 신상과 경력, 재산, 전과 등을 공개하는 '후보자 바로 알기 운동'을 전개했습니다.

여기에 대해 정치권이 가만히 앉아서 당할 리는 없습니다. 그래서 시민 단체의 움직임에 대해 국회 차원에서 고발을 검토하는 등 강한 반발을 보이고 있습니다. 여야 3당은 시민 단체의 총선 개입을 실정법 위반으로 규정하고 선거관리위원회 법적 조치와 즉각적인 검찰 수사를 요구했습니다. 그리고 국회 교육위원회는 경실련에 대한 선거법 위반 고발과 손해 배상을 청구하고 명단 보도 언론사를 제소할 것을 검토 중입니다. 또한 국회의원들이 강하게 항의하자 국회 법사위원회는 법무부 장관을 불러 들여 선거법 위반이 드러날 경우 사법 처리의 가능성을 시사했습니다.

　결국 이러한 일련의 사건들은 모든 것이 선거로 집중하게 만드는 결과를 낳았습니다. 시민 단체는 어떤 일이 있더라도, 설사 불법으로 몰려 피해를 보더라도, 그대로 낙선 운동을 전개해 나가겠다고 소리를 높이고 있습니다. 정치권에서는 결코 물러서지 않겠다며 사법 처리를 요구하고 있어서 사법권에서도 구경만 하고 있을 수 없게 되었습니다. 시민 단체들은 자신들의 요구에 '국민들의 높은 정치 불신과 정치 개혁 요구를 표출한 것'이 배경으로 자리잡고 있다고 주장합니다.

　후보자의 병역, 납세, 전과 공개를 거부해서는 안된다는 것이 여론의 흐름입니다. 그리고 불법을 정당화하면서까지 너무 소리만 질러서도 안된다는 비판도 있습니다. 그러나 그 이전에 먼저 생각할 것이 있습니다. 어째서 여기까지 오게 되었는지, 왜 이런 소리가 나와야 하는지에 대한 스스로의 반성이 필요합니다. 이번 사건을 계기로 다양한 의견 수렴의 과정과 선거의 공정성이 선행되어야 하겠습니다. 동시에 국회 의원들의 자질도 반드시 향상되어야 합니다.

　이 땅에서도 추천 받을 사람이 있고 낙선운동 대상자가 있듯이 장차 인생을 총결산하는 시간에도 반드시 인정받을 자와 버림받을 자가 있을 것입니다. 인정받을 자는 누굴까요? 또한 버림받을 자는 누굴까요? 우주의 심판자이신 하나님께서 가장 공정한 방법으로 선정하실 것입니다. 이 사실을 알고 지혜롭고 깨끗한 삶을 사는 사람은 이 세상에서도 결코 낙선 운동의 대상자 명단에 오르지 않을 것입니다.

　"그러나 너희가 이르기를 주의 길이 공평치 않다 하는도다 이스라엘 족속아 내가 너희의 각기 행한 대로 심판하리라 하시니라"(에스겔 33:20)

미성년 매춘과의 전쟁

서울의 한 여성 경찰서장이 미성년 매매춘 퇴치 운동을 벌이고 있습니다. 국민들은 경찰이 승리하도록 많은 박수를 보내고 있습니다. 과연 뿌리깊은 악과의 전쟁에서 승리할 수 있을지 모르겠습니다. 업주들은 아직 끄떡도 하지 않고 있습니다. 서장이 바뀌면 한 바탕 치르는 행사 정도로 평가 절하하고 있습니다. 그러나 이 싸움에서 반드시 이겨야만 나라가 살고 민족에 희망이 있습니다.

세계는 지금 미성년 매매춘으로 고민하고 있습니다. 특히 아프리카 국가들의 미성년 매매춘 문제는 심각합니다. 더 위험한 것은 불건전한 성 관계로 인한 에이즈(AIDS)입니다. 미국의 엘 고어 미국 부통령도 에이즈 퇴치를 위해 세계 주요 안보 의제로 설정하고 아프리카에 만연한 에이즈를 추방하자고 나섰습니다. 중요한 국제 안보 문제를 논의해 온 유엔안보이사회가 보건 문제를 의제로 올린 것은 1955년 출범 이후 처음 있는 일입니다.

의료 시설조차 빈약한 아프리카는 이미 에이즈가 정복해 버리고 말았습니다. 의료진들은 너무 많은 환자를 감당할 수 없어 손을 들었다고 합니다. 에이즈 환자들이 쓰러지는 바람에 공장을 운영할 수 없어 문을 닫는 사태가 일어나 경제적 손실이 계속되고 있습니다. 군인들이 쓰러지니 군사력까지 약화되고 있어 보통 일이 아닙니다. 이것은 차라리 재앙이라고 할 수 있습니다. 현재 아프리카 국가는 에이즈로 인해 사망한 사람이 2천만 명이나 된다고 합니다. 무서운 재앙입니다. 그래서 사람들은 에이즈를 '신이 내린 징벌'이라고 하나 봅니다.

미아리 텍사스촌에서 몸을 파는 십대 소녀들은 자기의 신체를 완전히 망가뜨리며 성병에 완전히 노출되어 있습니다. 그래서 검찰은 원조교제 등을 통해 미성년자와 윤락 행위를 한 사람들을 구속하고 있습니다. 이제 곧 그 명단을 공포하겠다고 합니다. 예로부터 "남정네는 세 끝을 조심하라."고 어른들은 후학들에게 가르쳤습니다. 세 끝이란 혀 끝, 손 끝, 그리고 몸 끝입니다. 말을 조심해야 하고, 도벽 등으로 몸을 상하게 하지말고, 여자와의 관계를 신중히 하여 몸을 망치지 말라는 당부입니다.

미성년 매춘은 근절되어야 합니다. 원조 교제도 없어져야 합니다. 매매춘과의 전쟁에서 승리하도록 힘을 실어 주어야 합니다. 왜냐하면 역사적으로 성도덕의 타락은 심판과 멸망을 초래했기 때문입니다. 소돔과 고모라, 폼페이시(市), 로마 제국의 멸망 등이 그 증거입니다. 이 세대가 바로 그 세대와 같지 않다고 누가 말할 수 있겠습니까? 이는 하나님의 심판과 멸망이 다가오고 있다는 말입니다.

성경은 말씀합니다. "밤이 깊고 낮이 가까웠으니 그러므로 우리가 어두움의 일을 벗고 빛의 갑옷을 입자 낮에와 같이 단정히 행하고 방탕과 술 취하지 말며 음란과 호색하지 말며 쟁투와 시기하지 말고 오직 주 예수 그리스도로 옷 입고 정욕을 위하여 육신의 일을 도모하지 말라"(로마서 13:12-14)

제 분수를 알면 존경받는다

　우리나라 국민들의 대부분은 정치인들을 가장 존경하지 않는다는 통계가 나왔습니다. 그런데 4.13 총선에서는 국회의원이 되기 위해 공천을 받겠다고 하는 사람과 공천 받지 못해도 무소속으로 출마하겠다는 사람들이 너무 많아 사상 최대의 경쟁률이 될 것이라고 합니다. 참 이상한 일입니다. 존경받지 못하는 일이지만 모든 것을 내걸고 달려드는 것은 그만큼 매력이 있기 때문일 것입니다. 그 매력은 결국 명예심이 아니겠습니까? 명예를 위해서 모든 힘을 다 쏟겠다는 것은 대단한 집념이 아닐 수 없습니다. 명예심을 마치 아편과 같다고 표현한 사람의 말이 사실로 입증되고 있는 것 같습니다. 그러나 진심으로 존경받는 사람은 제 분수를 아는 사람입니다.
　오래 전에 세계적인 석학이요 물리학자인 아인슈타인 박사를 이스라엘 국회에서 초대 대통령으로 선임한 적이 있었습니다. 이 소식을 들은 아인슈타인 박사는 정중하게 사양하면서 이렇게 말했습니다. "대통령을 할 만한 인물은 많습니다. 그러나 물리학을 가르칠 학자는 그리 많지 않습니다. 이것이 제가 대통령을 맡을 수 없는 이유입니다." 아인슈타인이 존경받는 인물이 될 수 있었던 것은, 자기의 분수를 바로 알고 올바른 결정을 했기 때문입니다.

이스라엘의 수상 벤구리온은 어느 날 갑자기 수상직을 사임해 버렸습니다. 기자들이 몰려 와서 그 이유를 묻자 그는 이렇게 대답했습니다. "키부츠 농장에서 일할 일군이 부족합니다. 수상은 누구나 할 수 있으나 땅콩 농사는 아무나 지을 수 있는 일이 아닙니다." 이것이 오늘날 이스라엘을 아랍 제국들 사이에서 이웃 나라들과 비교할 때 부강한 나라가 되게 한 힘입니다.

자기의 분수를 바로 알고 그 길을 바르게 가는 사람은 존경을 받습니다. 요사이 정치판을 강타한 낙선운동의 명단이 발표되자 온통 야단입니다. 이름이 발표되었어도 전혀 개의치 않고 출마하겠다면 누가 말리겠습니까? 공정성과 형평성을 떠나 금번 국회의원 선거에서도 분쟁과 다툼이 어느 때보다 심하게 일어날 것으로 예상됩니다. 자기 분수를 지킬 줄 모르고 명예심의 포로가 되어 버린 사람은 결코 존경을 받을 수 없다는 것을 알아야 합니다. 명예는 욕심을 내며 그것을 추구하는 사람보다 오히려 그것을 피하는 사람에게 주어집니다. 존경받는 사람은 제 분수를 아는 사람입니다.

예수님의 말씀에 귀 기울여 봅시다. "네가 누구에게나 혼인 잔치에 청함을 받았을 때에 상좌에 앉지 말라 그렇지 않으면 너보다 더 높은 사람이 청함을 받은 경우에 너와 저를 청한 자가 와서 너더러 이 사람에게 자리를 내어 주라 하리니 그때에 네가 부끄러워 말석으로 가게 되리라 청함을 받았을 때 차라리 가서 말석에 앉으라 그러면 너를 청한 자가 와서 너더러 벗이여 올라 앉으라 하리니 그때에야 함께 앉은 모든 사람 앞에 영광이 있으리라 무릇 자기를 높이는 자는 낮아지고 자기를 낮추는 자는 높아지리라"(누가복음 14:8-11)

뇌사(腦死) 인정

정부는 국무회의를 열어 '장기 이식에 관한 법률 시행령' 개정안을 의결함으로써 오는 2월 9일부터 뇌사를 공식적으로 인정했습니다. 장기 기증자 및 이식 대기자에 대한 모든 정보는 국립 장기이식관리기관에서 통합하여 관리하도록 했습니다. 이로써 장기를 이식 받을 사람을 신속하고 공정하게 선정하도록 했습니다. 그리고 장기 매매를 임의로 알선하거나 교사하면 2년 이상 징역에 처하도록 했습니다. 그동안 민간 단체나 병원이 맡았던 장기 이식을 정부가 맡게 됨으로써 우리나라는 정부가 장기 이식을 주도하는 최초의 국가가 되었습니다.

장기 이식은 신장, 간장, 췌장, 심장, 폐, 골수, 각막으로 한정했습니다. 그리고 살아있는 사람의 경우 장기는 신장 2개 중 1개와 골수나 간장의 일부를 적출할 수 있도록 했습니다. 이와 함께 장기 이식 의료기관으로 지정된 병원은 종교인, 변호사, 의사 등 7~10인으로 구성된 뇌사판정위원회를 구성해야 하는데, 의사 위원에는 전문의 3명 중 신경과 전문의 1명이 포함되도록 했습니다.

일단은 뇌사 인정에 대하여 대체적으로 환영하는 분위기인 것 같습니다. 그동안 무법 상태에서 행해졌던 뇌사자 장기 기증이 합법화되었고, 뇌사자 장기를 배분할 때 효율성과 형평성을 꾀할 수 있게 되었기 때문입니다. 또한 공공연하게 이루어졌던 반인륜적인 장기 매매에 철퇴를 가할 수 있게 되었다는 것도 환영하는 이유입니다. 현재 법률로는 심장사(心腸死)만을 사망으로 인정해 왔는데, 뇌사 인정으로 장기 이식은 늘어 날 것으로 전망됩니다. 설령 뇌사자가 생전에 장기 기증 의사를 분명히 밝히지 않았다고 해도 본인이 장기 기증을 명확히 반대했다는 것이 확인이 되지 않는 경우에는 가족이나 유족의 동의만으로도 장기 적출이 가능하게 되었습니다.

반면 뇌사 판정, 장기 적출, 이식에 이르는 절차가 더욱 복잡해져서 시간을 다투는 장기 이식이 제 때 이뤄지지 못할 가능성도 높아졌다는 지적도 있습니다. 뇌사 시간이 길어지거나 적출한 장기의 운송에 시간이 걸리게 될 수도 있습니다. 또한 장기의 신선도가 크게 떨어져 수술의 성공률이 낮아지고 이식 받은 환자의 생존율도 떨어질 염려가 있다고 합니다.

그러나 우리는 뇌사 인정이 능사가 결코 아니라는 것을 분명히 알아야 합니다. 뇌사 인정을 통해서 주어지는 가장 큰 위험은 생명 경시 풍조의 확산입니다. 사람의 생명은 하나님으로부터 왔고 하나님께서 거두어 가십니다. 식물 인간으로 10년 동안 누워있다가도 살아나는 사람도 있습니다. 생명의 존엄성을 기억하자는 것입니다. 생명은 하나님의 주권에 속했습니다. 그렇기 때문에 우리는 신중히 고심하고 살펴야 합니다. 하나님께 겸손히 모든 것을 맡기며 그 분의 긍휼하심을 구해야 합니다. 왜냐하면 우리는 하나님의 형상대로 지음 받은 가장 존귀한 피조물입니다. 그리고 생명은 천하보다 소중한 것이며 하나님의 사명을 이루기 위해 태어난 존재이기 때문입니다.

"하나님이 가라사대 우리의 형상을 따라 우리의 모양대로 우리가 사람을 만들고 그로 바다의 고기와 공중의 새와 육축과 온 땅과 땅에 기는 모든 것을 다스리게 하자 하시고 하나님이 자기 형상 곧 하나님의 형상대로 사람을 창조하시되 남자와 여자를 창조하시고"(창세기 1:26-27)

34년 만에 받은 최고의 명예 훈장

　베트남 전쟁 당시 혁혁한 공을 세웠던 미군 병사에 대한 훈장 수여식이 있었습니다. 이 훈장은 34년이 지난 후에야 백악관을 통해 전달되었다고 합니다.
　베트남 전쟁이 한창이던 1966년 3월 어느 날 미 173 공수여단 소속 알프레드 라스콘 위생병과 소대원들은 롱잔 지역에 고립된 다른 소대를 구하기 위하여 베트콩 군과 치열한 전투를 벌이고 있었습니다. 그때 치명상을 입고 누워있는 병사가 발견되었습니다. 그를 안전한 곳으로 옮겨 놓은 라스콘은 빗발치는 총탄을 뚫고 그 병사의 M60 탄약을 다른 사수 래리 깁슨에게 건네 주었습니다. 이미 라스콘 자신도 척추 근처에 총상을 입고 있었고 피가 흐르기 시작했습니다. 잠시 후 동료 닐 하페이 이병 근처에 수류탄이 터지자 라스콘은 몸을 날려 그의 몸을 감쌌습니다. 곧이어 레이콘튼 분대장도 이런 식으로 구했습니다.
　이 전투는 후일에 '지옥의 전투'라고 불릴 정도로 치열했다고 합니다. 중상을 입은 주인공 라스콘은 일본으로 후송되어 6개월 간의 치료를 받았고, 그의 은혜를 잊지 못한 동료들은 그가 '명예 훈장'을 받도록 추천을 했습니다. 그런데 동료들은 라스콘이 당연히 명예 훈장을 받은 것으로 알고 있었습니다. 하지만 그들은 라스콘이 34년 동안 훈장을 받지 못했다는 사실을 몇 년 전에 알았다고 합니다. 알고 보니 국방부의 관계 부서에서 라스콘에 대한 명예훈장추천서를 분실했다는 것이었습니다. 동료들은 국방부를 찾아가서 다시 호소했지만, 30여 년이 지난 일이므로 재검토가 어렵다는 대답만을 듣고 돌아올 수밖에 없었습니다. 그러나 그들은 포기하지 않았습니다. 마지막으로 일리노이주 레이 에반스 의원(공화당)을 찾아가 사정을 이야기했고, 마침내 그 사연이 클린턴 대통령의 귀에까지 들어가게 되었습니다. 감동을 받은 대통령의 주선으로 34년 만에 최고 훈장인 명예 훈장이 수여된 것입니다.

지난 2월 8일 이미 54세가 된 라스콘은 백악관에서 자신이 생명을 구해 준 동료들의 눈물겨운 박수 속에 빌 클린턴 대통령으로부터 군 최고 훈장인 '명예 훈장'을 받았습니다. 클린턴 대통령은 "동료와 시민권도 가지고 있지 않은 국가를 구하기 위하여 자신의 모든 것을 던졌다."고 찬사를 보냈습니다. 멕시코 이민자인 라스콘은 당시 미국 시민권을 가지고 있지 않았기 때문에 미국 국민이 아니었습니다(77년에 시민권 받음). 대통령은 "미국인이 된다는 것이 출생지, 피부색, 부모의 언어, 종교와는 상관없다는 사실을 입증해줘서 고맙다."는 말을 덧붙였습니다.

아직도 우리가 사는 세상에는 자신을 바쳐 이웃을 위하여 희생할 줄 아는 사랑의 사람들이 있습니다. 이 세상에서도 진실은 반드시 밝혀지고 보상이 있기 마련입니다. 설령 이 세상에서 알려지지 않고 상을 받지 못한다고 해도 장차 하나님 앞에서는 반드시 모든 사실이 알려질 것입니다. 그리고 우리가 받을 상을 놓치는 일은 결코 없을 것입니다.

"악인의 삯은 허무하되 의를 뿌린 자의 상은 확실하니라"(잠언 11:18)

유대인의 정직

한 유대인 모자(母子)가 백화점에서 양복과 외투를 구입한 후 집에 돌아왔습니다. 포장지를 뜯어보니 아들의 양복 주머니에서 다이아몬드 반지 하나가 나왔습니다. 그 반지는 어머니의 손가락에 딱 맞는 것이었습니다. "어머니, 양복 주머니에 반지가 들어 있는 것을 아는 사람은 아무도 없어요. 이건 어머니의 것입니다."라고 아들은 말했습니다. 그러자 어머니는 그 아들을 데리고 다시 백화점으로 갔습니다. 그리고 주인에게 자초지종을 이야기했습니다. 그러자 백화점 가게 주인이 "옷을 사신 분이 반지의 주인입니다. 왜 반지를 내게 돌려주려 하십니까?"라고 말했습니다. 그 때 어머니는 자기 아들의 얼굴을 한 번 바라보고 나서 이렇게 대답했습니다. "나는 옷을 샀을 뿐입니다. 반지를 본 적이 없습니다. 나는 유대인입니다." 이 어머니의 모습을 지켜 본 아들은 어머니로부터 평생 잊지 못할 '유대인의 정직'을 배웠습니다. 그것은 다이아몬드 반지와는 비교할 수 없는 값진 교훈이었습니다.

요즘 국회의원 공천 문제로 온통 야단입니다. 사실 우리나라에서 지금 욕을 제일 많이 얻어먹고 있고, 동네북처럼 사방에서 얻어맞고 있는 사람은 단연 정치인들입니다. 그럼에도 불구하고 목숨을 거는 전사의 모습처럼 출마를 위해 혼신의 힘을 다하고 있습니다. 처리해야 할 법은

산더미처럼 쌓여 있는데, 의원들은 밥 그릇 싸움에 여념이 없습니다. 본 회의장에는 의결 정족수도 안되는 50명만 앉아 있을 뿐, 나머지 249명은 어디로 갔는지 없었다고 합니다. 그래서 의원들은 할 일은 하지 않으면서 아까운 세금만 축내고 있다는 비난이 쏟아지고 있습니다.

국회의원의 매달 본봉은 225만원, 각종 수당과 보너스를 합치면 연간 6,892만원을 받습니다. 의원 모두의 수를 합치면 연 206억 원입니다. 그러나 의원 1명을 위해서는 연간 2억 7,860만원이 들어갑니다. 의원에게는 4급에서 9급까지의 보좌관과 비서들이 지원됩니다. 이들 5명을 위한 급여로 연간 1억 2,570만원(4급-3,800만원, 5급-3,100만원, 6급-2,270만원, 7급-1,900만원, 9급-1,500만원)이 들어갑니다. 그리고 매달 의정보고 자료 지원비, 차량 유지비 등 700만원의 보조가 더 있습니다. 결국 국회의원들에게 들어가는 비용은 8,330억 원이고, 이 돈은 모두 국민의 세금입니다.

물론 불철주야 나라를 위해 애쓰고 수고하시는 분들에게 더 드리고 싶은 것이 국민의 심정입니다. 그런데 요즘의 모든 행적을 볼 때 국민들은 국회의원을 더 이상 신뢰하지 않고 있습니다. 이것은 심각한 문제입니다. 국민들이 바라는 국회의원의 보증 수표는 정직과 신뢰입니다. 그러나 그들이 "나는 국회의원입니다."라고 말했을 때 보증 수표로 이어질 사람은 몇 명이나 될까요?

우리들도 마찬가지입니다. "저는 기독교인입니다."라는 말이 우리의 보증 수표가 될 수 있을까요? 정직한 삶, 이것이 우리의 보증 수표입니다.

"여호와여 주의 장막에 유할 자 누구오며 주의 성산에 거할 자 누구오니이까 정직하게 행하며 공의를 일삼으며 그 마음에 진실을 말하며" (시편 15:1-2)

3부
평양에 코카콜라도 들어가는데

바꿔 바꿔 모든 걸 다 바꿔

한창 인기를 얻고 있는 어린 여자 가수의 '바꿔'가 계속 화제가 되고 있습니다. 정말 바꿔야 할 정치권과 사회 부조리와 맞물려 더 많은 호응을 얻는 것 같습니다. "모두 제정신이 아니야. 다들 미쳐가고 있어. 어느 누굴 믿어. 어찌 믿어. 더는 못 믿어. 누가 누굴 욕하는 거야. 그러는 넌 얼마나 깨끗해. 너나 할 것 없이 세상 속의 속물들이야." 단순한 유행가 가사라고 하지만 이 시대를 잘 묘사한 것 같습니다. 모두 공감할 수 있는 내용입니다. 제일 많은 질타를 받는 정치권을 바꾸자는 소리가 낙천, 낙선운동으로 번지고 있습니다. 이 시점에 '바꿔'가 로고송으로 채택되어 이용되고 있다고 합니다.

그런데 제일 마지막 부분에는 "세상을 다 바꿔."라는 말이 있습니다. 부패를 척결하고 썩은 부분을 잘라낼 때, 자칫 위험할 뿐 아니라 오히려 더 큰 혼란을 가져 올 수 있다는 것을 생각해야 합니다. 원래의 개혁 취지가 실종될 위험이 있는 것입니다. 사실 바꿔야 할 것이 한 두 가지 뿐이겠습니까? 모든 걸 다 바꿔야 할 세상이라는 말에 동의하지 않을 사람이 어디 있겠습니까? "모두 제 정신이 아니야. 다들 미쳐 가고 있어."라는 말도 맞습니다. 정말 정신나간 채 미친 사람처럼 행동하는 일들을 우리는 매일 접하고 있습니다. "어느 누굴 믿어. 어찌 믿어 더는 못 믿어." 이 말에도 동의할 수밖에 없습니다. "누가 누굴 욕하는 거야. 그러는 너는 얼마나 깨끗해." 이 말을 듣고 욕할 사람은 아무도 없을 것입니다. "너 나 할 것 없이 세상 속에 속물들이야."는 말도 맞습니다.

비판하고 부조리의 개선을 외치는 우리 자신들도 욕할 자격이 없는 사람들입니다. 이미 더러움에 물들었고 부패된 인생들입니다. 그러나 '바꿔' 운동은 중지되어서는 안됩니다. 부정부패를 없애자는 소리도 중단되어서는 안됩니다. 개혁은 계속 진행되어야 합니다. 왜냐하면 그래야 소망이 있기 때문입니다. 다만 한꺼번에 다 부수고 뒤엎는 식은 더 큰 부작용과 혼란의 위험이 있으므로 차근차근 계획대로 지속되어야 할 것입니다. 더욱이 내 자신부터가 바꿔야 할 사람임을 알고, 매일같이 자신을 개혁시키고 바꾸는 작업이 우선 되어야 하겠습니다. 이 세상을 바꾸어서 더 나은 세상과 깨끗한 사회를 만들기 위해서는 우리 자신이 빛과 소금이 되어야 합니다. 날마다 변화되는 삶을 살아야 합니다.

예수님은 말씀하셨습니다. "너희는 세상의 소금이니 소금이 만일 그 맛을 잃으면 무엇으로 짜게 하리요 후에는 아무 쓸데없어 다만 밖에 버리워 사람에게 밟힐 뿐이니라"(마태복음 5:13) "그러므로 형제들아 내가 하나님의 모든 자비하심으로 너희를 권하노니 너희 몸을 하나님이 기뻐하시는 거룩한 산 제사로 드리라 이는 너희의 드릴 영적 예배니라"(로마서 12:1)

미국 대륙을 도보 횡단한 90세 검프 할머니

아카데미상을 휩쓴 '포레스트 검프'라는 영화가 있습니다. 이 영화의 주인공 검프는 어릴 때부터 계속 달렸습니다. 친구의 추격을 피해서, 미식 축구 선수로, 베트남 전쟁터에서도 달렸습니다.

그런데 최근 미국의 할머니 한 분이 90세의 노령에도 불구하고 1년 이상 대륙을 도보로 횡단한 사건이 있었습니다. 횡단 목적은 고(高)비용 구조의 미국 정치 개혁을 촉구하는 것이었습니다. 밀짚모자에 배낭만 짊어지고 캘리포니아 주 패서디나를 출발했던 도리스 해독 할머니(90)는 12개 주를 거쳐 약 5,000km에 이르는 대장정을 마쳤습니다. 해독 할머니는 도보 횡단을 통해서 정치인들에게 선거 때마다 투입되는 막대한 비용은 워싱턴의 돈 많은 일부 이익 집단들의 목소리를 높여 줄 뿐 대다수 국민들의 의견은 묵살되고 있다는 것을 보여주고 싶었습니다. 할머니는 대장정 중 곳곳에서 정당들이 무제한으로 모금할 수 있는 '소프트 머니'를 금지하고 선거 자금법 개혁에 반대하는 정치인들은 몰아내자고 외쳤습니다.

회사에서 재무담당 비서로 일해왔던 할머니는 평소 남편과 함께 적극적으로 정치에 참여했습니다. 그 후 남편을 잃고 난 뒤, 노인들의 모임인 '화요 아카데미'의 회원으로 '소프트 머니' 폐지를 요구하고 청원서를 냈습니다. 그러던 중 98년 2월 플로리다 도로변에서 히치하이킹(자동차 편승 여행)을 하는 노인을 발견하고 대륙 횡단의 아이디어를 얻었습니다. 손주와 증손주가 모두 18명이나 되는 해독 할머니가 대륙 횡단 계획을 발표하자 가족들은 우려했지만 클럽 회원들은 전폭적인 지지를 보냈다고 합니다.

할머니는 뉴햄프셔 주 고속도로의 가파른 구간을 걸었고, 밤이면 침낭 속에서 노숙을 했습니다. 횡단 중에 현금은 한 푼도 없었으나 전국에서 찾아 온 자원 봉사자들의 끊임없는 도움으로 그녀의 길은 외롭지 않았습니다. 숙식을 제공해 주겠다는 사람들도 많았으며, 도처에서 취재진이 몰려들었습니다. 캘리포니아 주 남부 모하비 사막을 지나면서 탈진으로 쓰러져 4일간 입원한 적도 있었습니다. 그러나 할머니는 집으로 돌아가야 한다는 권유를 단호히 거절하고 하루에 16㎞를 걸었습니다. 눈 덮인 메릴랜드 주를 통과 할 때에는 집으로부터 공수 받은 스키로 약 140㎞를 이동했습니다. 워싱턴의 알링턴 국립 묘지에서 국회의사당까지 마지막 코스를 행군하는 동안 AP통신과의 인터뷰에서 "내가 바보짓을 하고 있는 것은 아닌가하는 생각이 들 때도 있었지만 대륙 횡단을 시작한 이후 선거 자금법 개혁에 대한 취지를 많은 사람이 알게 됐다."며 기대 이상의 성과에 만족했습니다.

사실 90세 검프 할머니는 지금 우리 사회에 필요합니다. 우리나라 정치권은 혼탁, 과열, 부패, 부조리가 뒤범벅되어 있습니다. 이 때 모순된 현실에 정직과 개혁의 정신을 알리는 검프들이 많이 나타나야 합니다. 전국 각지에서 검프 할머니와 같이 달리는 사람들이 등장해야 합니다. 그리고 바로 우리 자신이 그 사람이 되어야 합니다.

"오직 공법을 물같이, 정의를 하수같이 흘릴지로다"(아모스 5:24)

73세에 여중생이 된 할머니

　부산 금정구에는 아주 특수한 학교인 신성여자중학교가 있습니다. 신성여중은 배움의 기회를 잃은 어머니들을 위해 운영되는 연 1년 3학기제의 중학교입니다. 올해는 신입생 342명이 입학하여 만학의 열정이 교정에 넘친다고 합니다. 이 학교에 올해 73세가 된 할머니가 입학하여 화제가 되고 있습니다. 이 할머니는 초등학교를 졸업한지 59년이나 되었다고 합니다. 할머니는 "70평생 가슴에 맺힌 못 배운 한을 이제야 풀게 되어 너무 기쁩니다."라고 감격하고 있습니다. 할머니는 야무진 결심으로 이미 통학을 위해서 운전 면허증까지 따 놓을 정도로 치밀하게 준비했다고 합니다.
　서양에서는 80세가 넘은 할머니도 대학 과정을 수료하는 일들이 있습니다. 지난 98년에는 미국에서 99세의 할머니가 고등학교를 졸업한 일이 있었습니다. 이 할머니는 자신이 아홉 살 때인 1909년 11명의 동생들을 돌보기 위해 학교를 그만 두었습니다. 그 때가 초등학교 3학년이었습니다. 그런데 90년 만에 고등학교 졸업장을 받은 것입니다. 할머니는 휠체어에 의지하여 졸업장을 받으러 나갔습니다. 졸업식장에 모인 많은 사람들은 기립박수로 열렬히 축하해 주었습니다. 같이 졸업한 동급생들은 80살이나 어린 학생들이었습니다. 졸업장을 든 할머니는 "이젠 좀 쉬고 게으름도 부려야겠다."며 함박 웃음을 터트렸습니다.

용감한 할머니들은 인생에 있어서 늦은 것은 없다는 사실을 우리에게 보여줍니다. 73세의 나이에 무슨 공부를 하겠습니까? 대부분 사람들은 이미 늦었다고 포기해 버립니다. 많은 할아버지와 할머니들은 지나간 세월에 대한 아쉬움과 안타까움으로 실의에 빠지거나 힘들게 살기도 합니다. 또는 남은 세월을 어떻게 하면 편하게 즐기면서 살 것인가를 생각합니다. 그러나 인생의 남은 날들을 좀 더 보람 있게 살기 위해 자원봉사활동을 하는 분도 있고, 자기보다 어려운 사람들에게 무엇인가 도움이 되기 위해서 애쓰는 분들도 있습니다. 오히려 부담 없이 자신의 시간과 건강, 그리고 주어진 여건을 알맞게 활용하면서 더 좋은 시간들을 보낼 수 있을 것입니다. 지금까지 살아오면서 배우고 익히며 경험한 좋은 것들을 잘 사용한다면 자신뿐만 아니라 이웃을 위해 아주 유익한 일을 할 수 있을 것입니다.

성경은 말씀합니다. "한 세대는 가고 한 세대는 오되 땅은 영원히 있도다 해는 떴다가 지며 그 떴던 곳으로 빨리 돌아가고 바람은 남으로 불다가 북으로 돌이키며 이리 돌며 저리 돌아 불던 곳으로 돌아가고 모든 강물은 다 바다로 흐르되 바다를 채우지 못하며 어느 곳으로 흐르든지 그리로 연하여 흐르느니라"(전도서 1:4-7) "일의 결국을 다 들었으니 하나님을 경외하고 그 명령을 지킬지어다 이것이 사람의 본분이니라 하나님은 모든 행위와 모든 은밀한 일을 선악간에 심판하시리라"(전도서 12:13-14)

물 부족 국가가 된다

 전 세계가 물 부족으로 인해 심각한 고통을 당하고 있습니다. 물 부족에 시달리는 환경 난민이 2,020년에는 1억 명이 넘을 것으로 예상되고 있습니다. 지금도 물이 없어 하루 평균 5,000여명의 어린이들이 목숨을 잃고 있습니다. 그리고 30억 명이 깨끗한 물을 마시지 못해 온갖 질병에 시달리고 있습니다. 현재 전 세계의 80개국의 인구 40%가 물 부족으로 고통을 겪고 있습니다.
 그런데 이것은 남의 문제가 아니라 우리에게도 심각한 문제로 다가오고 있습니다. 지금도 우리나라는 리비아나 이집트와 같은 물 부족 국가로 분류되고 있습니다. 우리나라도 벌써부터 물 부족 현상이 일어나고 있습니다. 동해안 일부 지역과 남해안 동서 지역에서는 수년 째 갈수기(渴水期)에 급수차로 식수를 공급받거나 오염된 지하수를 마시고 있습니다. 또한 물 부족으로 아파트 건축 허가가 나지 않자 건설업자들이 공무원들에게 뇌물을 주어 상수도를 공급받는 비리가 자행되고 있습니다. 우리나라는 연 평균 강수량이 1,274mm로 세계의 평균(973mm)보다 1.3배가 많습니다. 그러나 높은 인구 밀도 때문에 1인당 연 평균 강수량은 세계 평균(2만 296㎥)의 12.5%(2,755㎥)에 불과합니다.
 더욱 심각한 문제는 물의 사용량입니다. 우리나라는 매년 1.2%씩 사용량이 늘어나고 있는데 1인당 수돗물 급수량은 395ℓ 로 독일(132ℓ)의 3배이고, 덴마크(246ℓ), 프랑스(281ℓ) 등 선진국을 능가하고 있습니다. 이대로 가면 2,006년에는 연간 4억 톤의 물이 부족하게 되고, 2,011년에는 부족량이 20억 톤에 달한다고 합니다. 현재 건설중인 횡성, 용담 댐 등 5개 댐이 완공된다고 해도 2,000년 중반기부터는 전국적인 물 부족 현상이 불가피하다고 합니다.

특히 우리가 살고 있는 부산, 경남 지역에는 낙동강 원수가 오는 2,005년 이후 부족 현상을 빚어서 용수 공급에 큰 어려움이 있을 것이라는 전망이 제기되고 있습니다. 부산, 경남 지방 일원 낙동강 수계에서 취수되는 하루 원수량(原水量)은 338만 7천여 톤에 이르고 있습니다. 그러나 매년 택지 개발과 공단 조성 등으로 인해 용수 사용량이 크게 증가하면서 특별한 대책이 없으면 2,005년 이후 갈수기에는 낙동강 원수가 하루 1백만 톤 가량 부족할 것으로 전망됩니다. 이렇게 되면 용수 취수를 놓고 지방 자치 단체와 수자원 공사가 전쟁 아닌 전쟁을 치러야 할 처지에 있다고 합니다.

물은 다른 어떤 것으로 대체할 수 없습니다. 석유는 다른 대체 에너지 개발이 가능하지만 물을 대신 할 자원은 없습니다. 그래서 물 사용량을 줄이려고 수도 요금 인상, 잡용수(雜用水)의 이용, 중수도 시설 확대, 절수형 용수기기 보급 확대, 그리고 국민 의식 전환을 위한 물 절약 운동 강화 등의 대책이 제기되고 있습니다. 댐을 건설하는 것도 중요합니다. 하지만 물 사용량을 줄이는 것이 더 중요합니다. 수질 관리, 절수 운동이 중요 정책으로 강조될 수밖에 없는 상황입니다.

물은 너무도 중요합니다. 물 없이 인류는 살 수 없습니다. 이제 우리는 우리의 육신을 위해 물이 필수적인 것 같이 우리의 영혼이 갈하지 않도록 영생의 물을 추구하고 마셔야 하겠습니다. 우리의 영혼을 만족케 하는 영생수를 모두 다 마셔야 진정한 기쁨과 행복, 그리고 삶의 활기를 찾을 수 있습니다.

"예수께서 대답하여 가라사대 이 물을 먹는 자마다 다시 목마르려니와 내가 주는 물을 먹는 자는 영원히 목마르지 아니하리니 나의 주는 물은 그 속에서 영생하도록 솟아나는 샘물이 되리라"(요한복음 4:13-14)

한국판 슬로비족

　90년대 초반 미국에는 '슬로비(Slobbie)' 족이 등장했습니다. '슬로비'라는 말은 '천천히, 그러나 더 훌륭하게(slow but better) 일하는 사람'이란 뜻입니다. 신흥 부유층으로 풍요를 구가하던 여피(Yuppie) 족과는 달리, 일확천금에 집착하지 않고 성실한 삶을 추구하는 '보통 사람'을 가리킵니다. 이들은 많은 돈보다 더 소중한 것은 안정을 보장해 주는 직장과 행복한 가정이라는 철학과 믿음을 가지고 있습니다. 또한 인간적인 가치를 추구하며 그것을 실제로 느끼고 몸소 실천하는 사람들입니다. 다르게 말하면 '천직론(天職論)'을 생활화 한 사람들입니다.

　요사이 벤처기업이 붐을 타고 있습니다. IMF(국제통화기금) 관리 체제가 시작된 후에 구조 조정의 열풍이 몰아 닥치자 그동안 천직 혹은 평생 직장으로 여겼던 사고가 무너지기 시작했습니다. 회사는 직원을 쫓아내는데 열중하고 사원들은 불안을 느꼈습니다. 이제는 대우만 좋으면 그 직장을 박차고 나와 미련 없이 떠나고 옮기는 풍조가 조성되고 있습니다. 치열한 경쟁률의 취업 전쟁에서 이기고 대기업에 들어가 모든 사람의 부러움을 받던 인재들이 자리를 박차고 좋은 직장에서 뛰쳐 나와 인터넷과 벤처, 코스닥에 몰리기 시작했습니다. 여기에 한 몫을

하게 된 것은 대학에 다니며 많은 돈을 벌게 된 몇몇 스타들의 성공담입니다.

너도나도 다들 벤처기업에 뛰어 들다보니 성공한 사람도 있고 실패한 사람도 나타났습니다. 그러나 성공한 사람보다 실패한 사람이 더 많아지자 이제 사람들은 생각을 달리하기 시작했습니다. 그것이 바로 역(逆) 엑소더스입니다. 벤처가 너무 힘들어서 옛 직장이 좋다고 유턴(U-turn)하는 일이 많아지고 있습니다. 억대 연봉이나 벼락부자보다 평생 근무할 수 있는 직장이 더 소중하다는 것을 느끼게 된 것입니다. 이들이 바로 한국판 슬로비(Slobbie)족입니다. 여기에서 우리는 많은 돈이 행복의 척도가 될 수 없고, 행복은 물질적인 풍요보다 마음의 자세, 심령의 만족에 달려 있음을 알게 됩니다.

얼마 전 독일의 한 신문은 세계 54개국을 대상으로 한 설문 조사에서 국민 행복지수 1위가 방글라데시, 아제르바이잔, 나이지리아, 필리핀, 인도 순이었다고 발표했습니다. 미국은 46위, 일본은 44위, 독일은 42위, 한국은 23위였습니다. 행복은 물질적 풍요 속에 누리는 심리적 빈곤 상황이 아닙니다. 오히려 소득은 적어도 인간미와 사랑, 그리고 안정과 약간의 성취감이 더 큰 만족을 준다는 의미 있는 분석이 나왔습니다.

우리는 잠언의 말씀에 귀를 기울입시다. "내가 두 가지 일을 주께 구하였사오니 나의 죽기 전에 주시옵소서 곧 허탄과 거짓말을 내게서 멀리 하옵시며 나로 가난하게도 마옵시고 부하게도 마옵시고 오직 필요한 양식으로 내게 먹이시옵소서 혹 내가 배불러서 하나님을 모른다 여호와가 누구냐 할까 하오며 혹 내가 가난하여 도적질하고 내 하나님의 이름을 욕되게 할까 두려워함이니이다"(잠언 30:7-9)

부활의 그 새벽

막달라 마리아는 새벽 일찍 예수님의 무덤으로 달려갔다.
그녀와 동료들은 새벽의 어두움이 두렵지 않았다.
그들은 로마의 군병들의 잔인함과 냉소도 겁나지 않았다.
무덤을 막고 있는 커다란 돌을 어떻게 굴러 낼까하는 걱정도 하지 않았다.
오직 그 여인들은 무덤을 향해 달려가고 있었다.
무덤에 누워 계실 예수님의 몸에 향료를 좀 더 발라 드리고 싶은 일념 밖에 없었다.
그러나 달려가 본 무덤에는 보초서는 군사들이 보이지 않았다.
무덤 입구를 막고 있던 커다란 돌들도 굴러가고 없었다.
조심스럽게 가까이 다가간 여인들은 깜짝 놀랐다.
주님이 누워 계시던 곳에 빛나는 옷을 입은 두 천사가 있었다.
예수님의 모습은 무덤 안에 보이지 않았다.
천사는 여인들에게 놀라운 선포를 했다.
"두려워 말라 너희가 찾는 예수는 죽은 자 가운데서 다시 살아나셨다.
너희는 죽은 자 가운데서 산 자를 찾지 말라.

예수는 너희에게 일러 준 대로 갈릴리로 가셨다.
너희는 갈릴리에서 그를 만나 볼 것이다."
「즐겁도다 이 날 세세에 할 말 사망권세 깨고 하늘이 열려
죽은 자가 다시 살아 나와서 생명의 주 예수 찬송하도다」
　여인들은 두려움과 기쁨으로 어찌할 바를 모르고 있었습니다. 다른 여인들은 다 돌아갔으나 주님을 향한 사랑에 사로잡힌 마리아는 울고 있었습니다. 그 때 울고있는 막달라 마리아에게 부활하신 주님이 찾아 오셨습니다. "마리아야!" 부드러운 그 음성에 마리아는 놀라서 돌아보았습니다. 거기에는 그렇게 사모하며 사랑했던 주님께서 부활하신 몸으로 서 계셨습니다. 그녀는 "랍오니"하며 주님을 붙잡으려 했습니다. 주님은 그녀에게 말씀하셨습니다. "나를 만지지 말라. 나는 내 아버지께로 올라간다." 마리아는 여전히 낙심에 빠져 있는 주의 제자들에게 달려갔습니다. 그녀는 외쳤습니다. "내가 주를 보았다. 주께서 나에게 말씀하셨다." 이 외침은 마리아의 평생의 고백이요 사명이 되었다. "나는 부활의 주님을 보았다. 그 분의 음성을 들었다." 부활의 그 새벽은 그녀의 일생을 완전히 바꾸어 놓았습니다. 그리고 부활의 새벽은 많은 사람의 삶을 변화시켰습니다. 바로 오늘이 부활의 새벽입니다.

마약에 취해 가는 세상

마약 비상이 걸렸습니다. 다른 나라에 비해 '마약 청정 지대'로 알려졌던 우리나라에도 급속히 마약 오염이 확산되고 있습니다. 지난 한 해 동안 단속된 마약 사범은 1만 명을 넘었습니다.

19세의 최 모양(광주광역시)은 학교 선생님의 꿈을 키우던 착실한 학생이었습니다. 그러나 필로폰 복용자인 남자 친구가 콜라에 몰래 탄 마약을 마신 후 '하얀 가루약'에 점점 빠져들게 되었습니다. 결국 학교를 그만두고 동거 생활에 들어가는 등 '백색 유혹'의 희생자가 되어 버렸습니다.

지금까지 전통적으로 알려져 온 대마초, 필로폰 보다 훨씬 중독성이 강한 LSD, 엑스터시(XTC) 같은 마약이 싼 가격에 대량으로 수입되어 확산되고 있습니다. 마약류 사범은 90년대 이르러 매년 10% 이상씩 증가하다가, 98년에는 20%로 증가되고, 99년에는 26.8%로 올라섰습니다. 그런데 마약류 사범들 대부분이 가정 주부와 여대생, 그리고 청소년이라는데 문제의 심각성이 있습니다. 테크노바에 출입하는 젊은이의 30% 가량이 각종 마약을 경험했다는 진술이 있습니다. 지난 해 12월 31일에는 여대생, 대학원생, 학원 강사 등 고(高)학력자들이 서울 시내 특급 호텔 연회장을 빌려 XTC와 LSD를 잇달아 투약한 뒤 '환각 망년 파티'를 가졌다고 합니다.
　왜 마약이 무서울까요? 왜 마약을 막아야 할까요? 마약은 만나는 순간부터 영혼과 육체를 갉아먹는 악마의 씨앗과 다름없습니다. 마약은 핵, 환경 오염과 함께 '인류 멸망의 3대 요소'로 일컬어지고 있습니다. 마약은 정신 착란을 일으키게 합니다. 마약 기운이 떨어지면 약값을 구하기 위해 폭력을 사용하고 심지어 살인까지 저지르게 됩니다. 성격이 난폭해지고 체중도 급격히 줄어듭니다. 1회 투약량도 자꾸 늘어나 환각 상태에서는 자기 몸에 칼을 대며 상하게 합니다. 몸뿐만 아니라 정신까지 망가뜨려 폐인이 되게 합니다. 또한 마약은 염색체 변형으로 기형아 출산을 초래합니다. 더 나아가 마약 사용은 자신의 인생을 망치는 개인의 문제로 끝나지 않습니다. 가족, 이웃, 사회 나아가서는 국가 존립의 근거를 위협할 수도 있습니다.
　마약의 역사는 1,500년 정도라고 하지만 사실은 인간이 범죄함으로 불행한 역사는 예고된 것이나 다름없습니다. 결국 영혼의 만족이 없는 인생의 공허함을 채우려다보니 이런 불행한 사태가 초래된 것입니다. 마약을 경계하고 마약으로부터 우리 청소년들과 가정을 보호해야 합니다. 그리고 이 사회를 지켜야 합니다. 그들에게 순결한 삶과 영혼의 기쁨을 주는 것이 최고의 방지책이 될 것입니다.
　"아침에 주의 인자로 우리를 만족케 하사 우리 평생에 즐겁고 기쁘게 하소서"(시90:14)

탈선 이혼과 탈선 자녀

　성 윤리가 급격히 문란해지면서 가정 붕괴 현상이 급증하고 있습니다. 90년에 4만 5천 건이던 것이 98년에 이르러서는 12만 3,700건으로 늘어났습니다. 그리고 앞으로 계속 늘어날 전망입니다.
　서울 가정 법원 통계에 따르면, 이혼의 첫 번째 사유는 절반에 가까운 43.9%가 배우자의 불륜 때문이라고 합니다. 90년대에 들어서 이혼 상담의 내용 중 배우자의 부정이 원인인 경우가 많습니다. 불륜 상대를 찾는 통로도 계모임이나 나이트 클럽에서 전화방, PC통신, 인터넷 채팅으로 다양해지고 있습니다. 예전에는 주로 남편의 부정이 고전적 이혼 공식이었으나 이 전례가 깨어진 것은 오래 전입니다. 부정 행위의 주체가 따로 있는 것이 아닙니다.
　문제는 이혼이 주로 탈선으로 인해 이루어지고 있다는 것이며, 당사자뿐 아니라 자녀 등 가족들에게 심각한 영향을 미친다는 점입니다. 결손 가정은 10대들의 탈선을 초래하는 가장 큰 원인이 되고 있습니다.
　김 모씨(45세, 남)는 아내가 동네 아줌마들과 유성 온천에 다녀 온 후 외출이 잦아지는 것을 알게 되었습니다. 마침내 낯선 남자와 여관에 들어가는 것을 목격했고 결국 아내는 집을 나갔습니다. 지금 이혼 수속을 밟고 있는데, 이로 인해 아들(17)과 딸(13)은 말이 현격히 줄었다고 합니다. 김씨도 아이들 걱정에 일이 손에 잡히지 않는다고 합니다. 강모씨(30세, 여)는 남편 책상 서랍에서 남편이 20대 여자와 성관계를 갖는 장면이 담긴 비디오 테이프를 발견했습니다. 아내가 추궁하자 남편은 인터넷 채팅으로 만난 여자에게 15만원을 주고 성관계를 가지며 찍은 것이라고 했습니다. 남편에 대한 배신감과 실망이 너무 커서 남편과 20대 여자를 간통죄로 고소했습니다.

이런 탈선 이혼은 두 사람의 불행뿐만 아니라 자녀들에게도 심각한 영향을 줍니다. 이혼 가정 출신의 자녀들은 우울증, 정신 불안, 도벽 증세까지 나타납니다. 뿐만 아니라 성격은 난폭해지고 쉽게 반항합니다. 때로 폭력도 행사합니다. 결국 가출을 하게 되고 문제아가 될 위험이 상당히 높습니다. 탈선 이혼은 자신들의 잘못으로 자녀들을 비롯한 모든 가족들에게 심각한 피해를 줍니다. 그것의 뿌리는 바로 죄악입니다. 창조주의 창조 질서인 일남 일녀의 원리를 파괴한 것이 비극의 원인입니다. 가정의 달을 맞이하여 부부의 순결은 탈선 이혼과 탈선 자녀를 막는 가정 중요한 과제임을 확인할 수 있습니다.

"이러므로 남자가 부모를 떠나 그 아내와 연합하여 둘이 한 몸을 이룰지로다 아담과 그 아내 두 사람이 벌거벗었으나 부끄러워 아니하니라"(창세기 2:24-25)

아버지의 출산 휴가

  영국 총리인 블레어는 자신의 아내인 체리가 아이를 출산하면 함께 휴가를 갈 것이라고 말했다고 합니다. 이 문제 때문에 영국이 시끄럽습니다. 세 아이의 어머니이면서 나이가 45세나 된 총리 부인이 또 다시 아이를 낳는 것도 화제지만, 대영 제국의 총리가 국사(國事)를 제쳐놓고 출산 휴가를 받는 문제로 인해 여론이 끓고 있는 것입니다. 여론 조사 결과는 반대가 57%로 더 많았습니다.
  그런데 핀란드의 리포넨 총리는 지난 98년 26세 연하인 재혼한 부인이 아기를 낳자 출산 휴가를 받았습니다. 얼마 전 또 다시 부인이 딸을 낳자 "법이 정한 권리는 누구나 향유할 수 있다."면서 휴가를 받았습니다. 그리고 얼마 전에는 미국의 국무부 대변인 제임스 루빈(40)이 대변인직을 공식 사임했습니다. 이유는 CNN 방송의 종군 기자인 아내 크리스티 앤 아만포(42)가 첫 아들을 출산하자 아이 양육을 위해 일을 그만 둔 것입니다. 특이한 것은 그는 이미 아기를 낳으면 양육에 전념하기 위해 대변인직을 사임할 것이라고 밝혔다는 점입니다.
  또한 그의 아내 아만포 기자는 남편이 마지막 연단에 올랐을 때 기자단 맨 뒷줄에 앉아 남편으로부터 아기 기저귀를 갈아주겠다는 약속을 공개적으로 받아 내려고 시도했습니다. 그 때 루빈은 모호한 외교적인 발언으로 "나는 필요하고 적절한 일이라면 할 것이요."라고 응수했습니다. 그는 런던에 마련해 둔 보금자리로 돌아가 명실 공히 '엄마 노릇'을 하게 됐습니다. 그런데 그의 아내 아만포는 아기가 출생하면 종군 기자와 엄마 노릇을 동시에 하기 어렵지 않겠느냐는 질문에 "어떤 경우에도 뉴스 보도에서 떠날 생각이 없다. 어떻게 두 가지를 동시에 해낼지 생각 중이다. 좋은 보모를 얻을 수 있기를 바랄 뿐이다."라고 대답했습니다. 이제 그녀는 남편이라는 최고의 보모를 얻게 되었습니다.

블레어 총리나 루빈 대변인의 스토리는 우리에게는 아직 꿈같은 이야기입니다. 그러나 우리가 배워야 할 중요한 사실은 '가정의 소중함'입니다. 물론 여기에는 가정이 필요할 때 총리도 보내줄 수 있는 정치 안정과 성숙이 전제되어야 합니다. 또한 아내가 종군 기자의 일을 잘 할 수 있도록 남편이 공직을 그만두는 성숙하고 여유 있는 사회적 분위기가 선행되어야 할 것입니다.

가정은 소중합니다. 자녀 양육도 중요합니다. 가정이 화평할 때 사회도 평화로워집니다. 가정 교육이 잘 되면 사회 범죄도 줄어듭니다. 이를 위해 아버지도 출산 휴가를 받고 가사를 함께 돌볼 수 있는 여건과 분위기가 속히 이루어져야 하겠습니다.

성경은 말씀합니다. "네 집 내실에 있는 네 아내는 결실한 포도나무 같으며 네 상에 둘린 자식은 어린 감람나무 같으리로다 여호와를 경외하는 자는 이같이 복을 얻으리로다"(시편 128:3-4)

대학생이 부모를 토막 살해하다니

경기도 과천에서 대학생 아들이 자신의 집에서 아버지(60)와 어머니(50)를 살해하고 토막을 낸 후 쓰레기통에 담아서 버린 엽기적인 사건이 일어났습니다. 지난 21일 새벽 1시경 범인은 술김에 망치를 꺼내 옆방에 자고 있는 어머니의 머리를 때려 살해하고, 이어서 큰방에 자고 있는 아버지도 같은 방법으로 죽였습니다. 그리고 부모의 시체를 10여 토막을 낸 뒤 신문지와 비닐로 싸서 22일과 23일 밤 인근 아파트 쓰레기통에 버렸습니다. 이것을 환경 미화원이 쓰레기를 수거하면서 검정색 100ℓ 쓰레기 봉투의 내용물을 확인하다가 사람 다리를 발견하고 경찰에 신고했습니다. 그리고 경찰은 쓰레기 집하장에서 남자 왼쪽 손의 지문을 채취하여 근처에 사는 이씨(李氏)의 시체로 확인했습니다.

경찰이 피해자의 집을 방문해서 현장 조사를 하자 아들은 "부모가 지난 21일 성당에 간다며 함께 나가 돌아오지 않았다."고 거짓말을 했습니다. 그러나 방안과 목욕탕 문짝에서 혈흔을 발견하고 추궁한 끝에 범행 일체를 자백 받았습니다. 아들은 부모를 죽인 후에 욕실과 안방 벽의 핏자국을 세제 등으로 꼼꼼히 닦았다고 합니다. 욕실에서 시체를 토막내고 옷을 세제로 세탁한 뒤 집 밖 쓰레기통에 버린 것입니다.

왜 부모를 죽였는가에 대해서 아들은 "평소 부모와 자주 다퉈 왔는데 당시 술김에 망치로 죽였다."고 했습니다. 특히 "아버지로부터 인격적으로 멸시를 당하고 중학교 때까지 엄청 많이 맞았다. 부모가 아니라 내 인생을 가로막고 망치는 사람으로 생각했다."고 했습니다. 대학 입학 후 PC 통신 영화 동호회에 가입하여 영화에 빠져들었고, 비디오를 많이 보는 내성적이고 말이 적은 조용한 학생이었다고 합니다. 그러나 술만 먹으면 앞뒤를 가리지 못하는 성격이었다고 합니다.

　불행의 원인은 부모와의 대화 부족이었고 술이었습니다. 세상에 부모에게 100% 만족하는 자녀들이 몇이 있으며 완벽한 부모가 어디 있겠습니까? 그리고 부모를 미워하고 증오하는 감정을 가진 사람이 어디 한 둘이겠습니까? 그러나 아무리 그렇다고 해도 부모를 살해하고 토막까지 내어 쓰레기통에 버린다면 이것은 사람의 짓이 아닙니다. 부모를 죽이고도 회개 한 마디 없이 부모에 대해 원망만 한다면 더 이상 할 말이 없습니다. 오늘날의 도덕심이 이 지경에까지 왔다는 사실에 절망할 수밖에 없습니다. 앞으로 이런 일이 재발되지 않는다고 누가 장담할 수 있겠습니까? 이제 부모는 신앙과 사랑, 그리고 대화로 자녀를 양육하고 자녀를 위해 많은 기도를 해야 할 때가 되었습니다.

　성경은 말씀합니다. "하나님 앞과 산 자와 죽은 자를 심판하실 그리스도 예수 앞에서 그의 나타나실 것과 그의 나라를 두고 엄히 명하노니 너는 말씀을 전파하라 때를 얻든지 못 얻든지 항상 힘쓰라 범사에 오래 참음과 가르침으로 경책하며 경계하며 권하라 때가 이르리니 사람이 바른 교훈을 받지 아니하며 귀가 가려워서 자기의 사욕을 좇을 스승을 많이 두고 또 그 귀를 진리에서 돌이켜 허탄한 이야기를 좇으리라 그러나 너는 모든 일에 근신하여 고난을 받으며 전도인의 일을 하며 네 직무를 다하라"(디모데후서 4:1-5)

국민들의 고민과 혼란

 지도자들의 부도덕성 때문에 모든 국민들이 극도의 고민과 혼란에 빠졌습니다. 소위 새 정치, 새 바람, 신선함을 누구보다도 크게 외쳤던 386 의원들의 술판, 교육부 장관과 대학 총장의 술판, 시민 단체 운동의 지도자로 낙선 운동에 앞장섰던 현직 교수의 성추행 등 계속 이어지는 부끄러운 사건들로 인해 국민들은 고민과 혼란에 빠졌습니다. 당사자들은 개혁을 외쳐 왔지만 실제 생활은 그렇지 못했다는 것이 입증되었기 때문입니다. 아무리 변명을 해도 설득력이 없었습니다. 오히려 변명하는 자신들도 문제의 심각성을 모르는 것처럼 보였습니다. 그래도 조금은 나을 것이라고 기대하며 잘해 주기를 바랐던 국민들은 더 큰 실망과 고민 속에 빠졌습니다.
 그들이 그렇게 외쳐 온 5·18 민중항쟁이 어떤 사건입니까? 그리고 광주항쟁을 기념하는 날은 어떤 날입니까? 사건은 술자리에 초청 받아 왔던 학생 운동권 후배가 웹사이트에 올린 것이 인터넷 신문에 올라감으로 시작되었습니다. 당사자들은 왜곡된 부분도 있고 사실과 다른 부분도 있다고 항변할 것입니다. 정작 술 좀 마시고 춤추는 정도 가지고 뭐 그렇게 대단하게 부풀리느냐며 불평할지도 모릅니다. 우리만 술 마시고 여자하고 춤추느냐며 따지기도 할 것입니다. '왜 우리만 가지고 야단하느냐?' 면서 더 억울해 할지도 모릅니다. 그러나 이 사건은 지도층에 있는 사람들의 도덕성이 어느 정도인지를 능히 짐작하게 합니다. 시민 단체 운동가도 역시 술판 뒤에 사고를 냈습니다.

술이 원수입니다. 그런데 그들은 술 없이 못 사는 사람들이었습니다. 결국 그들이 정치적 무관심을 조장하고 있는 것입니다. 지난 총선에서 거의 반수의 국민들이 기권했습니다. 수영 구청장 선거에 단독으로 출마한 후보와 선거관리위원회는 투표율에 고민하고 있다는 소문입니다. 그러나 우리 국민들은 얼마나 책임을 지고 따랐을까요? 결국 그들을 만든 사람은 국민입니다. 몇몇 교수들은 이번 사건은 예고된 것이었으며, 그들에게 크게 기대할 것이 없음을 확인했을 뿐이라고 말합니다. 그들을 만든 사람은 우리 자신들이므로 그들에게만 돌을 던지고 비난할 수만은 없습니다.

어쨌든 국민들은 고민과 혼란에 빠지고 있습니다. 그러나 우리는 모든 것을 포기해서는 안됩니다. 진정으로 회개하는 용기 있는 지도자들의 출현을 기대하면서 우리 자신의 깨끗함과 의로움을 위해 고민해야 할 것입니다.

"너희가 전에는 어두움이더니 이제는 주안에서 빛이라 빛의 자녀들처럼 행하라 빛의 열매는 모든 착함과 의로움과 진실함에 있느니라"
(에베소서 5:8-9)

민족에게 웃음을 주는 남북 정상회담이 되기를

　웃음에는 즐거움뿐만 아니라 그 속에 고뇌와 눈물, 그리고 풍자와 교훈이 담겨 있습니다. 미국 16대 대통령 아브라함 링컨은 "나는 울지 않기 위해 웃어야 한다. 밤과 낮에 나를 짓누르는 두려운 고통 때문에… 내가 웃음을 잃었다면 나는 아마 죽었을 것이다."라고 말했습니다. 미국 인디아나주 볼 메모리 병원은 환자들에게 건강교육 책자를 나누어줍니다. 거기에는 "15초 웃으면 이틀 더 오래 산다."는 구절이 있습니다. 우리나라의 '일소일소(一笑一少) 일노일노(一怒一老)' 라는 속담과 같습니다.

　사람이 평생 동안 얼마나 웃을 수 있을까요? 세계 평균은 47시간인데 반해 우리는 34시간이라고 합니다. 상당히 적은 편입니다. 대전에서 지난 5월 25일~28일에 웃음 축제가 열릴 정도입니다. 우리 민족은 많은 수난과 어려움 속에서도 웃음을 잃지 않았고 고통 속에서도 웃음을 통해 삶의 활력소를 지니며 살아왔습니다. 그래서 해학이 발달했고 웃음에 관한 단어가 200개에 가깝다는 조사도 나왔습니다.

　남북 정상이 평양에서 드디어 첫 회담을 가지게 됩니다. 이 회담이야말로 우리 민족에게 웃음을 안겨 주는 사건이 되었으면 합니다. 우리 현실을 보면 정치, 경제, 사회, 교육 등 모든 분야에 여전히 부정, 부패, 부조리가 만연되어 있습니다. 이런 현실 속에서 민족의 최대의 염원인 남북 통일은 모두가 인내하고 양보하고 소망하는 대명제입니다. 어렵게 성사된 정상회담에 너무 큰 기대를 걸 필요는 없을 것입니다. 북한이 어떤 의도로 남한의 대통령을 만나든지 남북 정상이 손잡고 우리 민족과 세계 앞에서 웃으면서 대화를 나누는 그 자체에 의미가 있습니다.

바라기는 북한의 지도자들도 좀 더 진지하게 마음의 문을 열었으면 좋겠습니다. 우리도 겸손하게, 그리고 당당하게 북한을 상대해 주었으면 합니다. 그동안 남북 경협, 대북 지원, 금강산 관광 등의 여러 사업에서 비평과 불안이 계속 쏟아져 나온 것도 사실입니다. 하지만 이번 남북 정상회담을 통해 모든 민족에게 웃음을 안겨줌으로 다 해결되기를 기도해야 할 것입니다.

"이스라엘의 구원이 시온에서 나오기를 원하도다 여호와께서 그 백성의 포로된 것을 돌이키실 때에 야곱이 즐거워하고 이스라엘이 기뻐하리로다"(시편 14:7)

55년만의 남북 정상의 악수와 포옹

지난 한 주간은 우리나라뿐만 아니라 전 세계의 관심이 온통 남북정상회담에 집중되었던 시간이었습니다. 다른 것은 제쳐두고서라도 평양 공항에서 두 정상이 손을 잡는 것과 마지막 헤어질 때 포옹한 일에 감격하지 않을 사람이 누가 있겠습니까? 그리고 그 장면을 보면서 남북통일에 대한 희망을 가지지 않을 사람이 어디 있겠습니까? 그 때 보여준 가장 아름답고 멋진 장면은 단연 노벨상과 아카데미상을 받을만했습니다.

남북정상회담은 기대 반 우려 반으로 시작되었습니다. 사전에 약속이 되어 있었던 일이었지만, 평양 순안 비행장에서 김정일 국방위원장이 보여준 전격적이고 파격적인 환영과 굳은 악수는 기대 이상의 성과를 예고하게 했습니다. 60만 평양 시민의 환영 인파, 베일에 싸여 있던 북한 최고 지도자의 육성과 제스추어, 유머 감각 등에서 예사롭지 않은 것을 느꼈습니다.

마라톤 회담은 시작되었습니다. 회담 중간에 잠시 휴식 시간이 있은 후 만찬까지 뒤로 미뤄지는 것을 보고 드디어 뭔가 합의가 '이루어지겠구나'라는 기대를 가질 수 있었습니다. 그런데 과연 남북합의서가 작성되고 서명을 하게 되는 기대 이상의 큰 소득을 얻게 되었습니다.

남북정상의 공동 선언문 서명은 온 국민들을 흥분시켰고 TV에서 눈을 떼지 못하게 했습니다. 모든 방송은 정규 프로그램을 중단하고 약 3일간 평양 소식만 전했습니다.

남북정상 공동 선언문은 자주적인 남북 통일 통일 방안의 공통성 인정 이산가족과 장기수 문제 해결 다방면 교류와 협력 당국자 대화 조속 해결 등을 내용으로 하고 있습니다. 그리고 북한 정상이 서울 방문을 수락함으로 전쟁의 위협은 사라지고 상호 공존하는 시대의 기틀이 놓인 획기적인 변화가 한반도에 일어나게 되었습니다. 물론 이제 시작에 불과합니다. 미국의 발표대로 합의 사항을 얼마나 준수하는지 이행 여부를 지켜봐야 합니다. 그러나 온 세계가 한반도의 평화 정착을 지켜보고 축하하는 일이 일어났습니다. 여기서 후회한다는 것은 있을 수도 없고 있어서도 안 될 것입니다.

그러나 들뜨지 말고 차분히 해야 합니다. 독일은 6번 정상회담과 20년의 세월 끝에 통일을 이루었습니다. 그러나 그들에게도 아직 수많은 문제들이 산적해 있습니다. 어쨌든 통일에 대한 희망과 비전을 더 가까이 느낄 수 있어서 좋습니다. 수고한 대통령의 노고와 관계자들에게 격려를 보냅니다. 이제 정말 순수한 마음으로 당리당략, 욕심, 기득권 싸움은 다 버리고 오직 후손에게 아름다운 통일 조국을 물려주려는 열심으로 힘을 모아야 하겠습니다. 그리고 이것은 우리 성도들이 기도한 열매이며 응답임을 잊어서는 안됩니다.

"마음의 경영은 사람에게 있어도 말의 응답은 여호와께로서 나느니라 사람의 행위가 여호와를 기쁘시게 하면 그 사람의 원수라도 그로 더불어 화목하게 하시느니라"(잠언16:1,7)

평양에 코카콜라도 들어가는데

코카콜라의 위력은 대단합니다. 코카콜라는 세계 200여 나라에서 해마다 500억 달러 이상의 판매 수입을 올리고 있습니다. 그리고 맥도널드 햄버거와 함께 미국을 상징하는 식품이기도 합니다.

코카콜라는 19세기 말 애틀랜타의 약제사 펨퍼튼이 코카의 잎과 콜라의 열매를 주원료로 만든 것입니다. 아프리카의 가난한 나라에서 생산된 원료는 미국은 물론 선진국 어디서든지 마실 수 있는 식품이 되어버렸습니다. 코카콜라는 베를린 장벽 붕괴와 동구 민주화 이후 동구권 시장에 제일 먼저 들어갔습니다. 94년 베트남에 대한 금수 조치가 해제되자 2주도 안 돼 베트남에 다시 상륙했습니다. 그리고 이제 세계 최고의 폐쇄국가인 북한의 수도 평양에 입성했습니다.

미국인의 상품이며 미국 자본주의의 첨병이라는 코카콜라가 평양에 들어간 것은 상당히 의미 있는 일입니다. 미국의 적극적인 시도인지 아니면 평양의 계산인지는 모르겠습니다. 사실 북한은 미국을 원수로 여기고 미 제국주의자의 격파를 외치며 언제나 주한 미군의 철수를 주장해왔습니다. 그러면서도 미국과의 대화를 원했고 미국의 원조를 얻기 위해서 핵무기 개발 및 미사일 발사로 위협하고 있는 상황입니다. 그런 북한이 미국의 코카콜라를 수입했다면 무엇인가 변화가 일어나고 있다는 증거입니다. 정상회담 이후 온갖 장미빛 계획이 봇물처럼 터져 나오고 있는 지금 남한이 가지고 있는 정치, 경제, 사회, 문화, 예술, 스포츠계의 과도한 기대감이 우려될 정도입니다.

　미국의 코카콜라도 평양에 들어가는 시대입니다. 그러나 북한에 가족이 살고 있는데도 만나보기는커녕 편지나 전화로 소식조차 듣지 못한 채 나이 많아 병들어 죽어 가는 천만 이산가족이 있습니다. 미 제국주의의 코카콜라도 들어가는데 왜 같은 핏줄인 형제와 가족에게는 평양이 그렇게 멀기만 할까요? 코카콜라는 마셔도 되고 안 마셔도 삽니다. 하지만 코카콜라는 당당히 평양에 들어갔습니다. 그러나 사람의 영혼을 살리는 복음은 왜 아직도 들어가지 못할까요?

　중국은 등소평 집권 후에 미국과의 교류와 경제협력을 얻기 위하여 미국이 요구하는 인권 탄압을 해제하는 모양을 갖추려고 삼자교회를 허락했습니다. 먼저 복음이 들어갔고 허용된 것입니다. 이제 우리도 평양에 코카콜라와는 비교할 수 없는 복음이 마음껏 들어가는 날이 속히 이루어지길 바랍니다. 왜냐하면 코카콜라는 잠깐의 갈증을 해소하지만 복음은 영원한 생수가 되기 때문입니다.

　"예수께서 대답하여 가라사대 이 물을 먹는 자마다 다시 목마르려니와 내가 주는 물을 먹는 자는 영원히 목마르지 아니하리니 나의 주는 물은 그 속에서 영생하도록 솟아나는 샘물이 되리라"(요한복음 4:13~14)

드라마 허준

"허준 끝나면 무슨 낙으로 살지?"라는 말까지 등장하게 만든 MBC 드라마 '허준'이 6월 27일 64회로 끝이 났습니다. 허준 드라마를 한 번이라도 본 가구는 97%로 나타났습니다. 평균 가구 시청률 60%를 기록한 허준은 여러 가지 사회적 신드롬으로 발전했습니다.

역병에 효과가 있다고 소개되자 매실을 찾는 사람이 갑자기 늘어나 가격이 40%이상 올랐다고 합니다. 덜 익은 살구가 매실로 오인되기도 했으며 한방 치약 등 한방 제품이 특수를 맞았습니다. 또한 한의원을 찾는 환자 수는 평소보다 30%이상 증가했다고 합니다. 방영 전후 연구 논문과 서적이 200여 종 가까이 쏟아졌으며 원작 소설인 '동의보감'은 90년에 이어 다시 베스트셀러가 됐습니다. 지난 6월 13일 역사적인 남북정상회담 때문에 예고 없이 방영이 중단되자 "왜 방송을 안 하느냐?"는 항의가 빗발쳤을 정도였다고 합니다.

이제 허준 다음에 방송될 드라마 기획자에게 "하필 허준 다음이어서 안됐다."고 놀리는 사람이 많다고 합니다. 반면 허준 때문에 밀리거나 상대적으로 손해를 본 타(他) 방송사에서는 이제부터 회복할 수 있는 절호의 기회가 왔다고 반색했다고 합니다. 방송국에 큰 유익을 준 허준 드라마팀 120명은 7월초 4박 5일간 태국 푸켓으로 격려 여행까지 다녀왔습니다.

　허준의 인기 비결은 무엇일까요? 대체로 몇 가지로 요약됩니다. 무엇보다 사회적인 요인이 큽니다. 정치, 경제, 사회의 혼탁과 실망감이 팽배한 때에 국민들은 잠재 의식 속에 영웅이 필요했던 것입니다. 단순하게 보이는 선과 악의 대립 구조를 중심으로 전개되었지만, 몸종의 몸에서 태어난 서자 출신 허준이 수많은 좌절과 어려움, 모함과 시련 속에서도 그것을 극복하는 줄거리는 많은 공감대를 이루었습니다. 참된 의사로서 뿐만 아니라 인격자로 자신의 모든 것을 희생하면서까지 부귀와 명예를 초월한 그의 헌신적인 모습은 많은 감동과 도전을 주었습니다. 그리고 드라마 마지막 부분에서 의료 대란이 일어나자 허준의 모습은 더욱 부각될 수밖에 없었습니다. 모두에게 감동을 주는 인격자의 삶과 희생과 봉사는 시대를 막론하고 영향력이 있다는 사실을 다시 한 번 깨닫게 해주었습니다.

　신앙의 유무를 막론하고 드라마 허준은 많은 것을 생각하게 했습니다. 마지막에 역병 환자를 돌보다 쓰러지는 장면은 이 시대의 모든 지도자와 시민에게 꼭 필요한 메시지를 남겨 주었습니다. 이제 예수로 무장된 이 시대의 허준이 교회 안에서 많이 나와야겠습니다. 예수님은 우리에게 자신이 이 땅에 오신 목적을 말씀하셨습니다.

　"인자의 온 것은 섬김을 받으려 함이 아니라 도리어 섬기려 하고 자기 목숨을 많은 사람의 대속물로 주려 함이니라"(마가복음 10:45)

에이즈는 세계의 문제

　지난 9일 남아프리카의 해안 도시 더반(Durban)에서는 제13차 국제 AIDS(후천성 면역 결핍증) 회의가 있었습니다. 이 회의의 최대 쟁점은 에이즈의 치료 약값을 내리는 것이었습니다. 치료 행동 캠페인 등 국제 인권 단체 회원 4,000여명은 이날 회의장 주변에서 에이즈 백신 가격 인하를 요구하는 시위에 돌입했습니다.
　에이즈가 가장 심각한 지역은 아프리카입니다. 세계 3,430만 명의 환자 중 2/3 이상이 사하라 사막 이남에 있는 아프리카 국가들에 있습니다. 이 나라의 대부분은 가난합니다. 보츠와나는 에이즈로 국민의 숫자가 급격히 줄어들어 평균 연령이 29세로 낮아졌습니다. 모잠비크에서는 선교사가 예배를 끝내기도 전에 사람이 죽어간다고 합니다. 설교가 마치기 전에 죽는 에이즈 환자 때문에 설교를 빨리 끝내야 한다고 합니다. 그리고 공장이 문을 닫고 있습니다. 그 이유 역시 기술을 배운 후 일을 맡기려고 하면 에이즈에 걸려 자꾸 죽어 나가기 때문입니다.
　이제 에이즈는 하나의 병이 아니라 나라와 민족 전체를 없애 버리는 무서운 재앙이 되었습니다. 얼마 전에 있던 마을이 갑자기 사라져 버리기도 합니다. 하지만 약을 사 먹어야 하는데 약값이 너무 비싸 문제가 되고 있습니다. 미국과 유럽의 5~6개 제약 회사들이 제시하는 약값은 그들이 감당하기에는 너무 비싸기 때문입니다. 그래서 약을 쓰지 못 하고 죽거나 아니면 용감하게(?) 약을 복제하여 사용하는 것과 같은 국제법 위반 행위가 일어나고 있습니다. 다국적 제약 회사들은 지난 5월에 인권 단체들의 거센 저항에 따라 아프리카에 제공하는 에이즈 약값을 내리겠다고 발표했습니다. 그러나 인권 단체들은 파격적인 약값 인하와 함께 약에 대한 특허권까지 포기할 것을 요구하고 있습니다.

1999년도 세계 에이즈 감염자는 총 3,430만 명, 발병이후 사망자는 1,880만 명, 에이즈 고아는 1,320만 명, 1999년 신규 감염자는 540만 명, 1999년 사망자는 280만 명, 최대 감염자 국가는 남아공으로 420만 명입니다. 마이크로소프트(MS)의 창업자인 빌 게이츠 부부가 설립한 빌 & 멜린다 게이츠 제단은 전체 성인의 36%가 에이즈에 감염된 아프리카 보츠와나에 향후 5년 간 5,000만 달러를 지원한다고 발표했습니다.

과연 약값 인하가 에이즈 문제를 얼마나 해결할 수 있을까요? 설령 에이즈가 정복된다 해도 인간의 무질서한 성도덕과 부패한 삶은 더 무서운 병을 만들어 낼 것입니다. 근본적으로 깨끗한 마음과 건전한 성생활이 이루어져야 할 것입니다.

성경은 말씀합니다. "음행을 피하라 사람이 범하는 죄마다 몸 밖에 있거니와 음행하는 자는 자기 몸에게 죄를 범하느니라 너희 몸은 너희가 하나님께로부터 받은 바 너희 가운데 계신 성령의 전인 줄을 알지 못하느냐 너희는 너희의 것이 아니라 값으로 산 것이 되었으니 그런즉 너희 몸으로 하나님께 영광을 돌리라"(고린도전서 6:18-20)

캠프 데이빗(Camp David) 회담

지금 미국의 대통령 별장인 캠프 데이빗에서는 중동평화 협상이 아주 어렵게 진행되었습니다. 9일간의 마라톤 회의와 밤샘 강행군 속에 벼랑 끝 전술로 팽팽하게 맞섰던 이스라엘과 팔레스타인 자치 정부의 통치자들은 회담 실패의 책임을 서로에게 돌리고 있습니다.

캠프 데이빗(Camp David)은 워싱턴 D.C.에서 북서쪽으로 113km 떨어진 메릴랜드주에 있습니다. 빼어난 경치를 간직한 산록 휴양지인 이 곳은, 1942년 프랭클린 루즈벨트 대통령이 만들었습니다. 그 후 드와이트 아이젠하워 대통령이 자신의 손자 이름을 따 캠프 데이빗으로 명명했습니다. 티토, 대처, 고르바쵸프, 옐친 등 미국을 방문한 국빈의 숙소로도 이용되었습니다. 이곳은 일반인은 물론 백악관 출입 기자들에도 공식적으로 공개된 적이 없을 정도로 삼엄한 통제 구역입니다. 그러나 미국 대통령의 초청을 받은 사람은 들어갈 수 있습니다. 배우 출신인 레이건 대통령은 할리우드의 친구들을 불러서 이곳에서 망중한(忙中閑)을 즐겼습니다. 그는 "나는 이곳이 없었더라면 돌아 버렸을 것"이라고 회상했습니다.

캠프 데이빗 협상은 결코 순탄하지 않았습니다. 1978년 9월 15일 사다트 이집트 대통령은 카터 미국 대통령을 만나자마자 베긴 이스라엘 총리를 맹렬히 비난하면서 워싱턴으로 가는 헬리콥터를 요구했습니다. 그리고 양측 지도자들이 얼굴조차 맞대지 않으려는 등 파탄 직전까지 몰고 가는 어려움도 있었습니다. 결국 카터의 설득이 주효하여 결국 9월 17일 역사적인 협정이 이루어졌습니다. 이것이 바로 캠프 데이빗 협정입니다. 이때부터 울창한 숲에 둘러 싸여 '한 바다의 외딴 섬' 같은 캠프 데이빗이 비로소 세계 외교 무대에 등장하게 된 것입니다.

그런데 지금 이스라엘 총리와 야센 아라파트 팔레스타인 자치 정부 수반의 회담은 쉽지 않았습니다. 회의의 핵심은 동 예루살렘 문제입니다. 이곳은 유대와 아랍 민족에게는 양보할 수 없는 종교와 역사의 중심지입니다. 다윗 왕이 수도로 정했던 예루살렘은 하나님의 심판으로 유대인들이 유리 방황함으로 주인을 잃었습니다. 그러다가 제2차 대전 이후에 1948년에 유대인들이 다시 돌아와 나라를 세웠습니다. 하지만 그곳에는 이미 2,000년 간 터를 잡고 살았던 팔레스틴 사람들이 있었습니다. 그러므로 이스라엘의 정착은 충돌을 불러 일으켰습니다. 그러다가 제3차 중동 전쟁 때 승리한 이스라엘이 동 예루살렘을 차지했습니다. 그들에게는 한을 풀고 열광하는 축제가 되었으나 그곳에 살아오던 팔레스타인 사람들에게는 비극과 울분이 되고 말았습니다. 그리고 아직까지 양보할 수 없는 대치 상황이 되고 있습니다.

지속적인 캠프 데이빗 회담이 필요할 것 같습니다. 대화와 협상은 어려운 일입니다. 그러나 포기해서는 안됩니다. 남북대화, 여야대화, 노사대화, 부부대화 등 모두 중요한 것들입니다. 성공적인 대화를 위해 지혜와 인내 그리고 소망을 구해야 할 것입니다. "다만 이뿐 아니라 우리가 환난 중에도 즐거워하나니 이는 환난은 인내를 인내는 연단을 연단은 소망을 이루는 줄 앎이로다"(로마서 5:3-4)

타이거 우즈의 골프 신화는 연습의 결과

타이거 우즈는 세계 최강의 골프 선수입니다. 그는 제129회 브리티시 오픈 최종 4라운드에서 우승했습니다. 가장 오래된 메이저 대회 챔피언에 오름과 동시에 전통의 트로피와 상금 50만 파운드(약 76만 달러)를 손에 쥐게 되었습니다. 그리고 최연소 그랜드 슬램 달성, 3대 메이저 타이틀 동시 보유, 세인트 루이스 올드 코스의 최저타 우승 등 골프 역사에 각종 신기록을 세웠습니다. 타이거 우즈는 1997년 마스터즈, 1999년 PGA 챔피언 쉽, 2000년 6월 U.S.A. 오픈에 이어 금번 브리티시 오픈까지 제패함으로 4대 메이저 타이틀을 만 24세 7개월의 나이로 석권했습니다. 그가 세운 우주의 대기록은 잘 짜여진 작전(Game plan)과 기술력, 체력 3박자가 절묘하게 어우러진 결과라고 합니다.

물론 그의 골프 신화는 월남전에 참전했던 아버지를 따라 골프를 배움으로 시작되었습니다. 두 살 때는 TV에서 퍼팅 시범을 보여 주었습니다. 그리고 4살 때는 9홀에서 48타를 기록함으로써 한 번 더 그의 천재성은 입증되었습니다. 그는 가족들의 헌신과 미국 흑인 사회의 재정력 지원으로 그 천재성을 이어갔습니다. 그는 주니어 시절 미국 내

거의 모든 대회를 석권했습니다. 명문 스탠포드 대학에 재학 중이었던 96년 여름에는 새 스타를 갈망하던 프로 골프에 진출했습니다. 기대한 대로 데뷔하자마자 2승을 거두었고, 이듬해 마스터스 최연소 우승을 포함한 4승으로 그의 천재성을 증명해 보였습니다.

그러나 3년째인 98년에는 단 한 번의 우승에 그치기도 했습니다. 부진한 성적이 계속되자 '타이거 시대는 끝났다.', '유색 인종이 별 수 있느냐?'는 조롱이 쏟아졌습니다. 그러나 그는 99년 뷰익 인비테이셔널 대회에서 우승하였고 금년에는 대망의 그랜드 슬램을 기록했습니다.

그러나 우즈의 성공은 천재성에만 있지 않았습니다. 그는 연습 벌레로 그의 천재성을 뒷받침한 성실한 선수입니다. 우즈는 실망과 조롱의 말들이 오가고 성적이 저조할 때 좌절하지 않고 자신만의 골프를 만들어 갔습니다. 코치인 부치 하먼과 함께 손바닥에서 피가 나도록 치고 또 쳤습니다. 그는 지난 해 NEC 인비테이셔널에서 우승함으로 6연승의 서막을 올릴 때 "2년여 스윙 교정의 결과로 이제 감을 잡았다."고 말했습니다. 지난 6월 U.S.A. 오픈 대회 때는 "이제 새로운 장비, 새로운 기술을 항상 익히려고 노력한다."고 말했습니다. 금번 대회에서도 코치와 대회 기간 내내 코스 공략을 숙의했다고 합니다. 벙커와 코스를 굽이굽이 흐르는 개울(스윌큰 번)을 피할 목적으로 기상예보, 컨디션, 다른 선수들과의 스코어 차이 등을 고려한 도상 연습을 반복했습니다. 이 연습과 작전은 그대로 적중이 되어 대기록을 달성하며 골프 황제 등극으로 이어졌습니다. 다른 선수들이 상금과 챔피언 타이틀에 만족하고 즐길 때 그는 연습장에 있었습니다. 경기가 있는 날이면 새벽같이 필드에 나갔습니다. 해가 진 뒤에도 그는 그린을 지켰습니다. 그의 골프 신화는 한 마디로 연습의 결과입니다.

성경은 말씀합니다. "스스로 속이지 말라 하나님은 만홀히 여김을 받지 아니하시나니 사람이 무엇으로 심든지 그대로 거두리라 자기의 육체를 위하여 심는 자는 육체로부터 썩어진 것을 거두고 성령을 위하여 심는 자는 성령으로부터 영생을 거두리라 우리가 선을 행하되 낙심하지 말지니 피곤하지 아니하면 때가 이르매 거두리라"(갈라디아서 6:7-9)

입양자의 대모 홀트 여사의 유언-
'한국 땅에 묻어 주오'

　세계 수십만 고아들의 '마음의 고향' 이었던 홀트 여사가 지난 달 미국 오리건 주 유진시(市) 남쪽에 있는 자택에서 심장 마비로 소천했습니다. 향년 96세였습니다. 그녀는 평생동안 고아 사랑을 실천했습니다.

　그녀는 지난 1955년 6·25 전쟁 고아들의 비참한 삶을 다룬 다큐멘터리를 본 후 남편과 함께 '우리부터 이 아이들의 부모가 되어 주자' 고 뜻을 정하고 직접 한국에 와서 돌아보았습니다. 이미 자기 집 아이들이 6명 있었지만 자기 식구들 숫자대로 8명을 입양했습니다. 원래 미국 법은 한 가정에 두 명까지만 입양할 수 있게 되어 있었습니다. 그러나 아이젠하워 대통령의 이해로 미국 의회에서 '특정 전쟁 고아들의 구제를 위한 법안'을 통과시켜 무제한 입양 허용으로 법을 바꾼 끝에 이루어질 수 있었습니다. 결국 1958년에는 '홀트 씨 양자회'라는 단체가 만들어 졌습니다. 그 뒤 다시 '홀트 국제아동복지회'로 발전하여 40여 년 간 세계 10개국에 한국 고아 7만 명을 입양시키고, 국내에서도 1만 7,500명에게 새 가정을 찾아 주었습니다.

홀트 여사는 지난 64년 남편이 심장마비로 사망한 뒤 '홀트아동복지회'를 이끌었고, 90세 노구에도 입양된 아이들이 대학을 졸업하면 반드시 손수 축하 편지를 써 보낼 정도로 열심히 일했습니다. 그녀는 아이들을 좀 더 오래 보기 위해 매일 오전 4시 45분에 일어나 조깅을 하며 건강을 지켰습니다. 홀트 여사는 전 재산을 한국 고아와 장애인을 위해 사용했습니다. 그러면서도 자신은 전 세계 입양아들이 보내 준 선물과 낡은 조각 이불로 검소하게 살았습니다. 한국 정부에서는 지난 95년 국민훈장모란장을 수여했고, 그녀는 이것을 가장 큰 자랑으로 여겼습니다.

홀트 여사는 항상 한국을 '제2의 고향'으로 그리워했습니다. 입양한 자녀 8명 중 2명은 먼저 세상을 떠났습니다. 친자매 여섯 중 간호사인 둘째 딸 말리 홀트(66)씨는 56년 한국에 와 40여 년 간 독신으로 지내며 홀트 일산 복지 타운에서 장애인을 위해 헌신하고 있습니다. 홀트 여사의 시신은 "한국 땅에서 눈을 감고 싶다."고 하던 뜻에 따라 7일 서울로 운구되어, 9일 오전 10시 남편 묘소가 있는 경기도 일산 홀트복지타운에 묻히게 됩니다.

우리나라에서도 "우리의 아이들은 우리가 기른다."라는 취지에서 몇 년 전부터 국내 입양을 위한 캠페인이 펼쳐지고 여기에 호응하는 가정도 늘고 있습니다. 하지만 아직 해외 입양 의존도가 훨씬 높습니다. 정부도 고아 수출국이라는 오명을 씻기 위해 국내입양할당제를 시행했지만 지난 97년 해외 입양 기관에 맡긴 아동수가 급격히 증가한데 비해 국내 입양은 한정되어 2년 만에 할당제를 포기했습니다. 우리나라의 핏줄도 거부하는 시대에 미국인 홀트 씨 가족의 입양 사업은 변함 없는 사랑과 헌신을 보여주었습니다. "입양 사업은 이웃을 위한 하나님의 사업입니다."라는 홀트 씨의 정신은 이제는 우리가 이어 받아야 할 때가 되었습니다. 한국의 고아들을 위해 평생을 바친 홀트 씨가 받을 하늘 나라에서의 상급은 클 것입니다. 홀트 부부는 우리에게 많은 감동을 주었고 성공적인 삶이 무엇인가를 보여주었습니다. 그리고 존경받아야 할 사람으로 길이 남게 될 것입니다.

"악인의 삯은 허무하되 의를 뿌린 자의 상은 확실하니라"(잠언 11:18)

미국 속의 유대인

　미국의 엘 고어 민주당 대통령 후보는 부통령 후보로 정통 유태교 신자인 조셉 리버만 상원 의원을 낙점했습니다. 지난주 여론 조사에서 부시에 11-17% 포인트까지 밀렸던 고어는, 부통령 후보 낙점 후 CNN 과 USA 투데이 갤럽 등이 실시한 여론 조사에서 부시 45% 대 고어 43%로 불과 2% 차이로 급상승했습니다. 미국 속에 살고 있는 유대인 중 정치가로 대통령 후보 진영에 가담한 것은 처음 있는 일입니다. 그 동안 유대인들을 향해 부정적인 반응과 비판이 있었던 것이 사실입니다. 그러나 리버만에 대해서는 유권자들의 70%가 호감이 있다는 반응이 나왔고, 17%만이 부정적인 반응이 나왔습니다.
　미국에는 600만 명의 유대인이 살고 있습니다. 이들을 크게 분류해 보면 정통파가 10%, 보수파가 40%, 개혁파가 30% 정도 됩니다. 정통파는 아직도 안식일을 철저히 지켜 일이나 여행을 하지 않습니다. 심지어 편지도 쓰지 않고 엘리베이터 버튼도 누르지 않습니다. 전등불 끄는 것과 성냥 긋는 일까지도 하지 않습니다. 미국 인구 중 유대인의 비율은 불과 3% 정도이지만, 그 영향력은 막강합니다. 그래서 미국 역대 대통령들은 "어떤 희생을 치르더라도 이스라엘을 반드시 지킨다."는 공약을 한 것입니다. 이것이 유대인의 힘입니다.

정치인으로는 민주당 후보의 선거 참모로 일하는 머스키, 잭슨, 험프리, 맥거번 등이 있습니다. 상원에 있는 전문 스탭의 1/3이 유대인입니다. 키신저와 올브라이트 국무장관도 유대인입니다. 유대인을 배제했던 마지막 보루인 국방부에도 코언 장관이 유대인으로 입성했습니다. 그뿐만 아니라 경제계의 돈줄은 유대인이 쥐고 있습니다. 그래서 월 스트리트의 돈줄은 유대인의 호주머니로 통한다는 말이 있습니다. 맨하탄 빌딩의 주인 중 40%가 유대인입니다. 또한 언론계 역시 유대인이 장악하고 있습니다. 유대인들은 '뉴욕타임스', '워싱턴 포스트' 등 세계적 저널리즘의 핵심인 신문을 쥐고 있습니다. NBC, CBS, ABC 3대 네트워크를 유대계가 장악하고 있습니다. 과학자로 수소 폭탄을 개발한 테일러, 원자 잠수함을 만든 리코버 등 미국 원자력 개발을 유대인이 독점하고 있습니다. 미 우주 항공국(NASA)의 과학자 절반이 유대인입니다. 그뿐이 아닙니다. 전 미국 변호사의 70%, 뉴욕 의사의 과반수가 유대인입니다. 또한 미국 영화 산업의 요람인 헐리우드도 MGM, 파라마운트, 워너브라더스까지 유대인이 운영하고 있습니다. 영화계의 거장 스필버그도 유대인입니다.

물론 유대인을 비방하는 글도 인터넷 게시판에 올라 왔습니다. '매부리코를 가진 유대인 녀석', '유대인들이 정부와 언론을 장악하고 있다.'는 비판적인 글들입니다. 유대인 유권자는 7명중 1명에 불과하지만 상당한 영향력을 가지고 있습니다.

예수님을 십자기에 못 박고 아직도 메시아를 기다리는 그들의 신앙에는 결코 동조할 수 없습니다. 그러나 2,000년 동안 모진 박해와 방랑 속에서도 계속된 여호와 하나님에 대한 철저한 신앙, 엄격한 안식일 성수, 십일조에 대한 철저한 교육과 실천, 어린 아이 때부터 부모들이 가르치는 율법 교육과 신앙 교육을 우리는 눈여겨봐야 할 것입니다. 그리고 앞을 내다보며 자녀들을 교육시키는 열정을 본받을 필요가 있을 것입니다. 앞으로 유대인들의 역할이 어떻게 진행될 것인지는 하나님의 주권에 속한 일입니다. 그러므로 우리도 관심을 가지고 살펴보는 지혜가 있어야 할 것입니다.

"오늘날 내가 네게 명하는 이 말씀을 너는 마음에 새기고 네 자녀에게 부지런히 가르치며 집에 앉았을 때에든지 길에 행할 때에든지 누웠을 때에든지 일어날 때에든지 이 말씀을 강론할 것이며 너는 또 그것을 네 손목에 매어 기호를 삼으며 네 미간에 붙여 표를 삼고 또 네 집 문설주와 바깥문에 기록할지니라"(신명기 6:6-9)

4부
세계에서 가장 장수하는
사람들의 직업

세계에서 가장 장수하는 사람들의 직업

어느 직업을 가진 사람들이 오래 살까요? 세계에서 가장 장수하는 사람들의 직업은 '음악 지휘자'라는 흥미로운 자료가 발표되었습니다. 미국 미네소타 의과대학교 데일 앤더슨 박사는 지휘봉을 흔드는 것이 심폐기능을 강화시키고 유연성을 길러주며 엔돌핀을 증가시킨다고 이유를 밝혔습니다. 한 마디로 말하면 스트레스와 통증을 해소하는데 탁월한 효과가 있다는 것입니다. 그는 볼펜과 젓가락을 흔드는 것도 동일한 효과가 있음을 강조했습니다. 그래서인지 최근 일본인들 사이에서는 집에서 음악을 틀어놓고 열광적으로 지휘를 하는 '지휘 체조법'이 크게 유행하고 있습니다.

세계적인 지휘자들의 평균수명은 일반인들과는 비교할 수 없을 정도입니다. 음주벽이 심했던 베르디와 스트라빈스키도 미수(米壽)를 누렸습니다. 레오폴드 스토코프스키는 95세, 아르투로 토스카니니는 89세, 카라얀은 81세, 아드리언 볼트는 93세를 살았습니다. 그렇다면 앞서 발표된 자료는 상당히 근거가 있다는 이야기가 됩니다.

사실 지휘자들은 신경이 아주 예민합니다. 수양이 덜된 어떤 지휘자는 지휘봉을 집어 던지기도 하고 소리를 지르기도 합니다. 화가 나면 자리를 박차고 나가기도 합니다. 그런데 계속 지휘봉을 흔들고 거기에 몰입되어 음악 세계에 빠지면 자신을 잊어버리고 그 속에서 살게 됩니다. 비록 외면적인 어려운 환경이 있을지라도 지휘를 하는 동안에는 낙천적이 되고 긍정적이 됩니다. 마음에 평화와 기쁨을 얻습니다. 결국 표정이나 마음과 자세도 명랑해지고 밝아지게 마련입니다. 따라서 긍정적이고 적극적인 사고를 가진 사람은 장수한다는 논리가 성립이 될 수 있습니다. 그리고 장수의 비결은 즐거운 마음으로 노래하고 몸을 움직이는 것임을 알 수 있습니다.

 마음을 잘 다스려야 참된 기쁨이 있고, 내면적인 즐거움이 있어야 밖으로 표출됩니다. 그래서 항상 즐겁고 감사하는 마음을 가져야 합니다. 그리고 부정적인 것보다는 긍정적인 생각을 가져야 합니다. 모든 사람이 지휘자는 될 수 없습니다. 그러나 지휘자 못지 않게 우리의 삶을 즐겁게 살 수 있습니다. 또한 미소 운동, 축복을 비는 마음, 감사가 계속 나오는 삶, 주어진 일에 기쁨으로 열심히 일하는 자세, 이 모든 것이 장수의 비결이 될 수 있습니다.

 성경은 이미 우리에게 장수의 비결, 최고의 보약을 가르쳐 주고 있습니다. "삼가 누가 누구에게든지 악으로 악을 갚지 말게 하고 오직 피차 대하든지 모든 사람을 대하든지 항상 선을 좇으라 항상 기뻐하라 쉬지 말고 기도하라 범사에 감사하라 이는 그리스도 예수 안에서 너희를 향하신 하나님의 뜻이니라"(데살로니가전서 5:15-18)

말러 러년의 인간 승리

　세계 최강인 미국 여자 육상 대표팀 소속 말러 러년(31)의 인간 승리는 우리에게 많은 감동을 줍니다. 그녀는 시드니 올림픽 미국 국가대표 선발전에서 쟁쟁한 선수들을 물리치고 당당히 대표 선수로 선발됐습니다. 그녀가 미국 대표가 되기까지 육상 인생은 한편의 인간 승리 드라마였습니다. 말러 러년은 망막퇴행성 질환으로 열 네 살 때 시력을 잃은 시각 장애인입니다. 그러나 그녀가 그 모든 어려운 역경을 이기고, 올림픽에서 메달을 획득하는 것보다 더 어렵다는 미국의 대표팀에 선발돼 사람들을 놀라게 만들었습니다. 그녀는 올림픽에 출전하는 최초의 시각 장애인이 된 것입니다. 이제 그녀는 올림픽에서 메달을 따든 못 따든 메달을 딴 것 이상의 보람과 성취감을 얻은 것이나 다름없습니다.
　말러 러년은 앞을 보지 못하기 때문에 다른 육상 선수들과 똑같이 달릴 수는 없습니다. 정상 선수들은 옆과 앞에서 달리는 선수를 볼 수 있습니다. 그리고 스피드를 조절하며 거리를 유지한 채 달릴 수 있습니다. 그러나 시각 장애인에게는 불가능한 일입니다. 그녀는 자기만의 달리기를 해야만 했습니다. 그래서 감각적으로 역주를 합니다. 옆에서 함께 달리는 선수의 숨소리와 땀 냄새를 듣고 맡으며 질주했습니다. 그리고 마침내 해냈습니다.

그녀에게 육상은 단순한 달리기나 운동이 아닙니다. 명예를 목적으로 한 것도 아닙니다. 올림픽의 메달이 목표는 아니었습니다. 육상은 그녀에게 있어서 삶의 의미를 일깨우는 한 줄기 빛이었습니다. 이제 그녀는 시드니 올림픽에서 '희망'이라는 이름의 인간 승리 드라마 '제2탄'을 준비하고 있습니다.

말러 러년은 무력증에 빠져 있고 너무 쉽게 자포자기하는 이 시대의 사람들에게 귀감이 됩니다. 어려움을 아예 감수하지 않거나 인내하기 싫어하는 젊은이들에게, 그리고 모든 것을 환경에 의지하고 탓하는 사람들에게 부끄러운 경종을 울리는 모델이 되고 있습니다. 오늘날 이 시대에는 유혹이 많습니다. 잘못된 가치관과 표준 때문에 방황하는 사람들이 너무도 많습니다. 무엇이 참된 인생의 목표임을 알지 못한 채 잘못된 것을 찾아서 허송세월 하는 사람들이 얼마나 많습니까?

가장 무서운 것은 자포자기이며 절망입니다. 사탄은 에덴 동산에서 아담과 하와를 타락시킨 이후로 끊임없이 많은 사람들을 무너뜨리고 있습니다. 마귀가 가진 최상의 무기는 바로 가슴속에 있는 희망의 줄을 끊는 것입니다. 절망은 인간을 죽음에 이르게 합니다. 어느 철학자의 말과 같이 절망은 죽음에 이르는 병입니다. 아직 우리는 절망하기 이릅니다. 우리는 절망하기에는 너무도 많은 것들을 가지고 있다는 것을 알아야 합니다. 그렇다면 희망이 있는 것입니다. 시각 장애자로 절망을 이기고 시드니 올림픽에서 힘껏 달려갈 인간 승리자인 말러 러년에게서 희망이 무엇인가를 배워야겠습니다. 그녀에게 희망의 불꽃이 힘차게 타오르기를…

성경은 말씀합니다. "우리가 사방으로 우겨쌈을 당하여도 싸이지 아니하며 답답한 일을 당하여도 낙심하지 아니하며 핍박을 받아도 버린 바 되지 아니하며 거꾸러뜨림을 당하여도 망하지 아니하고"(고린도후서 4:8-9)

클린턴 대통령의 신앙고백

세계의 이목을 끌며 미국 전역을 경악케 했던 미국의 빌 클린턴 대통령이 지난 달 10일 4,500여명의 목사들 앞에서 신앙을 고백했습니다. 이 고백은 모니카 르윈스키 스캔들로 하원의 탄핵을 받은 지 1년 반이며, 98년 8월 전국에 생중계 된 사과 방송 후 꼭 2년이 지난 시점입니다.

그는 "용서에 대해 많은 것을 배웠습니다. 언제나 내가 용서하는 사람이라고 생각했었는데, 사실은 내가 전 세계 앞에 서서 용서를 구해야만 한다는 것을 깨달았습니다."라고 말했습니다. 그는 이날 일리노이주에서 열린 성직자 수련대회에 참석, "엄청난 실수에도 국민이 보여준 관용과 변함 없는 지지에 머리 숙여 감사한다."고 말했습니다. 그가 르윈스키 스캔들을 특별하게 언급하지는 않았지만, 그 사건을 내포했다는 것을 누구라도 알 수 있었습니다. 그는 "솔직히 말해 큰 정신적 갈등을 겪었고 지금도 완벽한 마음의 평정을 찾았다고는 말할 수 없다."면서, "그러나 당시보다는 훨씬 마음이 안정된 상태인 것만은 분명하다."고 밝혔습니다. 계속해서 그는 "아침에 일어날 때마다 나는 온 몸을 휩싸는 감사의 느낌을 갖습니다. 내가 철저히 무너지지 않았다면 결코 100% 진지해지지 못했을 겁니다. 재미있는 것은 숨길 것이 아무 것도 남지 않았을 때, 해야만 할 일을 하는 데 자유로워진다는 사실입니다."라고 말했습니다. 또 "내가 겪은 일이 다른 사람보다 특히 나 자신에게 얼마나 섬뜩하고 얼마나 창피한가를 깨달았습니다. 나는 내가 저지른 엄청난 실수로부터 삶을 완전히 새롭게 하는 과정에 있습니다. 가족과 백악관 직원, 그리고 국민들과의 관계를 새로 정립하려는 노력은 놀라운 만남을 가져왔습니다. 누구도 내 영적인 삶의 상태가 위대하다고 말할 수 없습니다. 그것은 진실이 아닙니다. (영성은) 언제나 성장하는 것입니다."라고 말했습니다.

그는 하원의 탄핵에 대해 "너무 한다는 생각에 화도 났지만 지금 생각해 보면 오히려 잘된 일이었던 것 같다."면서, "그렇지 않았다면 마땅히 해야 할 일을 하지 않았을지도 모른다."고 밝혔습니다. 그는 "자신의 사과는 명백하거나 모호하지 않았다."면서, "사과를 받아들이지 않는 사람들을 보고 괴로웠으나 이런 감정은 다른 형태의 자기 방어라는 것을 깨달았다."고 말했습니다.

빌 클린턴은 9세 때인 1955년에 기독교인이 되었습니다. 11~12세 때 유명한 전도자인 빌리 그래함 목사의 설교에 감명을 받았다고 말했습니다. 클린턴이 참석한 일에 대해 참석자들 중 일부는 그를 초청한 사실을 비판했지만, 그의 고백이 끝났을 때 목사들은 기립박수를 보냈습니다. 지난 92년부터 클린턴의 신앙 문제를 자문해 온 윌로우크릭 커뮤니티 교회의 빌 하이벨스 목사는 클린턴 가족을 위한 기도를 주재했습니다. 하이벨스 목사는 "하나님, 이 사람을 만들어 주셔서 감사합니다."고 말했습니다.

정치권 일각에서는 이날 행사가 고도의 정치적 판단에 따른 것이라는 시각을 보였습니다. 엘 고어 부통령의 민주당 대통령 후보 공식 지명을 1주일 앞둔 시점에서 자신의 비도덕성을 다시 한번 '정화'함으로써 고어의 정치적 부담을 덜어주려는 것이 아니냐는 얘기입니다. 그는 이날 "공정한 마음을 가진 사람이라면 내가 저지른 실수로 엘 고어를 비난하지는 않을 것"이라고 말했습니다. 조 록하트 백악관 대변인은 "이 행사는 6개월 전 리더십에 대한 일반적 논의로 기획됐으나 최근 보다 자유로운 형식으로 수정됐다."며, "보수적인 참석자들이 르윈스키 스캔들에 대한 고백을 요구했다."고 말했습니다.

그에게 정치적인 계산이 있었는지 우리는 알 수 없습니다. 그러나 대통령이 자신의 부끄러움을 성직자들 앞에서 공개적으로 고백한 것은 귀한 일이며 용기 있는 결단입니다. 우리가 살고 있는 이 시대는 누구나 다 알 수 있는 명백한 잘못을 사과하거나 고백하는 일이 너무 드뭅니다. 특히 지도자일수록 그렇습니다. 자신의 죄를 고백하고 사과하며 용서를 구하는 것은 진정한 용기를 가진 사람만이 할 수 있는 일입니다. 만약 빌 클리턴이 자신의 신앙 고백이 진실했음을 이후의 모든 행보에서 변화된 모습으로 보여준다면, 일부가 주장하는 고도의 정치적 계산이라는 오해는 풀릴 것입니다. 또한 그는 잘못을 진정으로 용서받을 것입니다.

아무튼 죄를 회개하는 신앙 고백은 아름답고 좋은 것입니다. 우리 지도자들도 그랬으면 좋겠습니다. 그리고 우리 자신들부터 매일 매일 신앙 고백을 함으로 항상 아름답고 싱그러운 모습과 품위를 유지하는 삶을 살아갑시다. 우리는 간음 중 잡혀온 여인에게 하신 예수님의 말씀을 기억해야 합니다.

"가라사대 너희 중에 죄 없는 자가 먼저 돌로 치라 하시고 나도 너를 정죄하지 아니하노니 가서 다시는 죄를 범치 말라 하시니라"(요한복음 8:7-12)

이형택 선수와 어머니

지금 한국에서 이형택 선수를 모르는 사람은 없습니다. 우리나라에 테니스가 전래된 것은 1884년 갑신정변이 일어나기 전 미국 초대 공사 푸트로에 의해서입니다. 그런데 그 때 이후 테니스 역사상 처음으로 올해 마지막 그랜드 슬램인 US 오픈테니스대회(총 상금 1,500만 달러)에서 단식 16강에 올랐습니다. 그리고 이형택은 지난 3일(한국시간) 16강이 확정되자 "정신적인 지주였던 어머니에게 감사한다."고 말했습니다.

그의 어머니는 아들의 오늘이 있게 한 주인공입니다. 어머니 최춘자(59)씨는 홀로 식당 일을 하며 아들을 뒷바라지했습니다. 그 동안 20회 정도 외국 투어에 참가했던 이형택(24)은 이길 때마다 전화기를 찾아 헤맸다고 합니다. 초등학교 3학년 때 아버지가 고혈압으로 돌아가신 뒤 줄곧 서울에서 식당 일을 하며 뒷바라지를 해온 어머니에게 승전보를 전하기 위해서입니다. 어머니 최씨는 1일 아침에도 막내아들로부터 국제 전화를 받았습니다. "엄마, 나 할머니 생신에 못 가게 생겼어." 사상 최초로 32강까지 올라간 이형택은 그 감격을 강원도 횡성에서 처음 테니스를 시작했을 때 곁에 계셨던 할머니 이옥숙(79)씨에 대한 그리움으로 대신했습니다.

그의 가정은 아버지가 계시지 않았고 큰형 경택(32)씨는 소아마비를 앓아 제대로 걷지 못할 정도로 불우했습니다. 그런데 그것이 이형택의 헝그리 정신을 북돋웠는지도 모릅니다. 아버지가 돌아가시고 1년이 지나 그는 테니스 부에 들어갔습니다. 그러자 할머니는 물론 친척까지 나서서 말렸습니다. '학자 집안에 운동 선수가 웬말이냐'고 반대한 것입니다. 어머니는 하던 식당 일을 내팽개치고 급히 서울에서 횡성까지 달려가 막내아들을 설득했습니다. 그러나 "테니스를 할 수 없다면 학교를 가지 않겠다."며 고집을 피우는 통에 어머니는 할 수 없이 테니스 라켓을 선물로 쥐어 주고 돌아왔습니다. 그 때 친척들은 아버지 없는 자식을 버릇없이 키운다고 못마땅해 했지만, 이제는 어엿하게 한국 남자 테니스의 간판으로 성장했습니다. 그리고 못마땅했던 친척들도 지금은 누구보다 열성적인 팬이 됐습니다.

그 때문일까요? 이형택은 코트에서 상대 선수를 노려보는 눈매가 매섭고 경기가 끝나면 곧바로 주저앉을 정도로 온 힘을 코트에 쏟아 붓습니다. 하지만 어머니는 아직 만족할 때가 아니라며 아들을 한번 더 다그칩니다. 세계 랭킹 100위안에 들어간 뒤 국가대표 감독을 맡게 되면 그때서야 제대로 된 칭찬을 하겠다는 것이 어머니의 생각입니다. 그의 승리는 어머니가 눈물로 쓴 '16강 신화'라고 할 수 있습니다. "제대로 챙겨주지 못했는데 훌륭하게 성장한 아들이 대견스러울 따름입니다." 라고 어머니는 말합니다.

어머니는 지난 84년 남편이 고혈압으로 세상을 떠나자 슬픔도 잊고 3형제를 고향인 강원도 횡성의 시어머니에게 맡긴 채 곧바로 상경해서 식당 일을 하며 억척같은 인생을 살았습니다. 여느 선수 엄마처럼 숙소에서 밥이나 빨래를 해 준 기억이 없는 것이 가장 마음에 걸렸다고 합니다. 그래서 몰래 경기장을 찾아 마음속으로 아들을 응원했고 경기가 있을 때마다 식당 근처의 교회에서 새벽 기도를 하는 것도 잊지 않았습니다. 최씨는 "밥 한번 해 먹이지 못했는데 형택이가 세계적인 선수로 성장해 무엇보다 기쁘다."며 "형택이가 자만하지 않고 훌륭한 선수로 크도록 하겠다."고 말했습니다. 어머니가 10여 년 동안 운영해온 서울 세종로의 닭갈비집에는 4일 '25% 할인'이라는 플랑카드가 내걸려 이형택의 16강 진출을 축하해 주었습니다.

당당하게 세계적인 선수가 된 아들과 배후에서 눈물로 기도하여 사랑을 주었던 어머니의 진하고 애틋한 사랑은 우리에게 감동을 줍니다. 어머니의 진실한 사랑 앞에 감동 받지 않을 자식이 어디 있겠습니까? 그리고 자식이 굳센 의지와 뜻을 세우고 열심히 일할 때 도와주지 않을 부모가 어디 있겠습니까? 앞으로 이형택 선수 어머니의 새벽기도가 속히 응답되어 더 많은 젊은이들에게 감동을 주며 부모들에게도 위로를 주는 좋은 소식이 계속되었으면 좋겠습니다.

성경은 말씀합니다. "의인의 아비는 크게 즐거울 것이요 지혜로운 자식을 낳은 자는 그를 인하여 즐거울 것이니라 네 부모를 즐겁게 하며 너 낳은 어미를 기쁘게 하라"(잠언 23:24-25)

금메달보다 아름다운 인간승리

올림픽에서 금메달은 선수 개인, 감독, 가족들, 그리고 모든 국민들에게 큰 기쁨입니다. 그러나 은메달이나 동메달도 소중합니다. 그리고 비록 메달을 따지 못해 입상은 못했어도 최선을 다한 선수 모두에게 격려와 박수가 있어야 합니다. 그런데 메달보다 더 가치 있고 우리를 감동케 한 인간 승리의 드라마가 이번 시드니 올림픽에도 많았습니다. 올림픽 금메달보다 아름다운 것은 인간 승리의 드라마입니다. 역경과 고난을 딛고 재기한 선수들의 스토리는 항상 감동적입니다.

이번 시드니 올림픽 수영에서 '올림픽 2연패'를 달성한 톰 돌런(25·미국)은 지난해 무릎연골 제거수술을 받았다고 합니다. 그리고 어릴 적부터 자신을 괴롭혀온 기관지 천식 때문에 경기 전 산소 탱크를 사용하는 환자입니다. 여자 공기소총에서 한국의 강초현을 물리치고 금메달을 수상한 낸시 존슨(26·미국)은 신경계 질환을 앓아 왔습니다. 그녀는 의사로부터 "운동을 계속하면 생명이 위험하다."는 경고를 받았으나 이를 극복하고 최고의 사수로 우뚝 섰습니다. 남자 공기소총 금메달 수상자인 프랑크 뒤물랭(27·프랑스)은 교통사고를 당해 1년 전만 하더라도 휠체어에 몸을 의지하던 장애인이었습니다. 그는 주위의 '재기불능 선언'을 뛰어넘어 값진 금메달을 목에 걸었습니다.

승자는 패배를 두려워하지 않습니다. 승자는 구름 위의 태양을 보지만, 패자는 구름 속의 비를 봅니다. 특히 천식 환자인 돌런이 수영 세계 신기록을 세우며 올림픽 2연패를 달성한 이야기는 더욱 감동적입니다. 17일 밤 시드니 올림픽 파크 아쿠아틱 센터에서 열린 수영 남자 개인혼영 400m에서 우승자인 톰 돌런(25·미국)은 사자처럼 포효했습니다. 96년 애틀랜타 올림픽에 이은 2연패였습니다. 게다가 94년 로마 세계 선수권에서 자신이 세웠던 종전 최고기록(4분12초30)을 0.54초 단축한 세계 신기록(4분11초76)이었습니다. 돌런에게 있어서 이번 우승은 각별했습니다. 천식 환자인 그는 이날 오전에 열린 예선 이후 발작 증세를 보이자 선수촌으로 돌아가 산소 마스크를 쓰고 안정을 취한 뒤 결선에 나선 터였습니다.

다섯 살 때부터 세 살 터울인 누나와 겨루기 위해 수영을 시작한 돌런은 열두 살때부터 밭은 숨을 몰아 쉬기 시작했습니다. 정상인보다 기관지가 좁고 갑자기 운동을 하면 '발작'을 일으키는 천식 환자로 밝혀졌습니다. 호흡이 생명인 수영 선수에게 천식이라니요! 하지만 "세계에서 가장 빨리 헤엄치는 사람이 되고 싶다."는 소년의 꿈은 꺾이지 않았습니다. 돌런은 병원과 수영장을 오가며 실력을 쌓았습니다. 정상인 산소 섭취량의 70% 불과한 호흡 능력이었지만 그는 자신만의 독특한 호흡법으로 장애를 극복했습니다. 돌런은 96년 애틀랜타 올림픽에서 마침내 금메달을 목에 걸었습니다. 천식으로 고생하는 어린이들을 위해 전국을 돌며 자신의 '체험담'을 들려주기도 했습니다.

그러나 1997년부터 돌런의 천식 증세가 훨씬 심해졌습니다. 그 해 10km 오픈워터(수영장이 아닌 호수 등에서 열리는 경기) 미국 선수권에 출전했던 돌런은 9km 지점까지 단독 선두를 달리다가 '발작' 때문에 구급차에 실려 병원으로 후송됐습니다. 사람들은 은퇴를 권유했습니다. 98년 미국 선수권 400m 자유형 레이스에서는 우승자보다 12초나 늦게 들어와 쓰러져 버렸습니다. 어머니 제프 돌런은 눈물을 흘렸습니다. "천식 때문에 실력 발휘를 못했다."는 핑계를 무엇보다 싫어했던 돌런은 이틀 뒤 200m 개인 혼영 우승으로 어머니의 눈물을 웃음으로 바꿔 놓았습니다.

1999년이 그에게는 가장 힘든 해였습니다. '마음의 기둥' 이었던 할아버지가 세상을 떠났고, 자신은 농구를 하던 중 오른쪽 다리를 크게 다쳐 수술까지 받았습니다. 방황하던 그는 미시간 대학 시절 코치였던 존 어번체크를 찾아가 함께 재활훈련을 했습니다. 약해진 다리 대신 두 팔만으로 하루에 30km를 헤엄치는 지옥훈련을 이겨냈습니다. 재기의 무대에서 세계 신기록을 세운 돌런은 "숨을 제대로 쉴 수 없다는 것은 조금 불편한 것일 뿐입니다."라며 "세상에서 가장 빨리 헤엄치는 사람으로 남고 싶다."고 말했습니다.

성경은 말씀합니다. "우리가 사방으로 우겨쌈을 당하여도 싸이지 아니하며 답답한 일을 당하여도 낙심하지 아니하며 핍박을 받아도 버린 바 되지 아니하며 거꾸러뜨림을 당하여도 망하지 아니하고"(고린도후서 4:8-9)

양화진 외인 묘지의 닥터 홀 가족

110년 전 한국과 특별한 인연을 맺어 헌신적으로 수고한 홀 선교사의 가족 이야기는 우리에게 많은 감동을 줍니다. 감동적인 일화들도 많습니다. 1891년 평양에서 개업하고 있을 때의 일입니다. 어느 날 감리교 선교사였던 의사 제임스 홀에게 아기를 업은 한 한국 부인이 찾아와 대뜸 돈 백 냥을 내놓으라고 고함쳤습니다. 사연은 아주 우스웠습니다.

그녀의 남편은 첩에 깊이 빠져있었다고 합니다. 그런데 서양 사람에게는 첩 떼는 약이 있다는 말을 듣고 은밀히 사람을 시켜 그 약을 여러 번 사다 먹었답니다. 그런데도 첩은 떨어질 기미는 보이지 않고 오히려 기승을 더 부렸습니다. 그래서 부인은 그동안 사용한 약값을 내놓으라고 한 것입니다. 중간에서 농간을 부린 사람은 뺑소니를 치고 없었습니다. 제임스 홀은 누가 한 일이건 마음을 상하게 하는 것은 좋은 일이 아니라고 생각해서 아무런 변명 없이 그 돈을 부인에게 만들어 주었습니다.

그런 일이 있은 후 제임스 홀은 평양 사람들로부터 "성인 하락선생"으로 불렸습니다. 하락은 그의 여권에 기재된 '홀'이라는 이름을 한자로 표기한 것입니다. 역시 같은 의사 선교사인 제임스의 부인 로제타 홀은 우리나라에서 '최초'라는 기록을 가장 많이 남긴 서양인입니다.

평안도 지방에 최초로 살기 시작한 서양 사람입니다. 평양에다 최초로 의원을 세운 사람입니다. 최초로 농아학교와 맹인학교를 세웠습니다. 최초로 한글 점자를 개발했습니다. 아동병원과 여자 의학교를 최초로 세우기도 했습니다. 이 여자 의학교는 경성 여의전, 수도의대, 우석대학을 거쳐 고려대학교 의과대학으로 발전합니다. 한국인 최초의 여의사 박에스더도 로제타가 미국에 유학시켜 탄생시켰습니다. 또한 그녀는 한국에서 최초의 서양인을 낳은 어머니이기도 합니다.

한국에서 최초로 태어난 백인 아이 셔우드 홀은 그의 「조선 회상」에다 한국 아이들 틈에서 서양 아이는 개의 일종으로 인식됐었다는 이야기를 적고 있습니다. 개만 파란 눈을 가지고 있었기 때문입니다. 그래서 조선 아이들과 마찬가지로 한 쌍의 폐를 갖고 있음을 과시하고자 힘차게 소리내어 울면 사람들은 "이 애도 역시 사람이구나."하고 인정했다고 합니다. 그 역시 한국 최초의 결핵 요양원을 세우고 최초로 크리스마스 씰을 시작한 결핵 퇴치의 아버지입니다. 셔우드의 한국 태생 자녀인 윌리엄 홀 자매는 할머니인 로제타 홀 내한 110주년 기념 행사에 참석하러기 위해 한국에 왔습니다. 닥터 홀 가족 3대인 할아버지, 할머니, 아버지, 어머니가 묻힌 양화진 외인묘지에서 유명의 해후를 했습니다. 이름도 없이 빛도 없이 오직 한국인들에게 하나님의 사랑을 전하기 위해 대(代)를 이은 온 가족의 사랑과 봉사, 그리고 헌신은 하늘에서 큰 상급으로 보상받을 것입니다.

예수님은 말씀하셨습니다. "이에 임금이 대답하여 가라사대 내가 진실로 너희에게 이르노니 이 지극히 작은 자 하나에게 하지 아니한 것이 곧 내게 하지 아니한 것이니라 하시리니 저희는 영벌에 의인들은 영생에 들어가리라 하시니라"(마태복음 25:45-46)

하나님은 사랑이시다

노르웨이의 수도인 오슬로에 한 노인 부부가 살고 있었습니다. 그들은 숱한 고난과 시련을 겪었지만 그때마다 서로의 사랑과 신뢰로 위기를 슬기롭게 극복했습니다. 사이 좋기로 소문난 이 부부를 통해 사람들은 노년의 여유와 아름다움을 느꼈습니다.

그러다가 어느 날 하루 명주실에 열심히 수를 놓던 아내가 그만 세상을 떠나고 말았습니다. 아내를 잃은 노인은 깊은 고독과 슬픔에 잠겼습니다. 정원에 덩그렇게 놓인 빈 깃대를 바라볼 때마다 슬픔이 밀물처럼 밀려왔습니다. 그런데 어느 날 노인은 빈 깃대에 아내가 수놓은 깃발을 꽂았습니다. 깃발에는 이 부부의 인생 좌우명이 적혀 있었습니다. 노인은 정원의 깃발이 바람에 나부끼는 모습을 물끄러미 바라보았습니다. 그 순간, 슬픔의 그림자가 걷히고 밝은 미소가 피어올랐습니다. 그 깃발에는 이런 글이 적혀 있었습니다. "하나님은 사랑이시다." 깃발에 적힌 글을 보고 노인은 위로를 받았습니다.

이것은 영생의 소망입니다. 이것은 엄청난 축복입니다. 만약 우리 인간의 삶이 이 땅에서 끝난다면 인간은 한없이 비극적인 존재입니다. 그러나 사랑의 하나님께서 그들에게 영원한 세계에서 다시 만날 수 있는 놀라운 축복을 주신 사실에 인생은 소망이 있는 것입니다. '하나님은 사랑이시다.'는 말씀은, '하나님은 모든 인생을 다 사랑하신다'는 뜻이 담겨 있습니다.

　우리의 인생이 무엇입니까? 성경은 말씀합니다. "들으라 너희 중에 말하기를 오늘이나 내일이나 우리가 아무 도시에 가서 거기서 일 년을 유하며 장사하여 이를 보리라 하는 자들아 내일 일을 너희가 알지 못하는도다 너희 생명이 무엇이뇨 너희는 잠깐 보이다가 없어지는 안개니라 너희가 도리어 말하기를 주의 뜻이면 우리가 살기도 하고 이것 저것을 하리라 할 것이거늘 이제 너희가 허탄한 자랑을 자랑하니 이러한 자랑은 다 악한 것이라 이러므로 사람이 선을 행할 줄 알고도 행치 아니하면 죄니라"(야고보서 4:13-17)

　비록 우리는 안개와 같고 풀과 같지만 사랑이신 하나님을 믿을 때 영원한 소망이 있습니다. "사랑하는 자들아 우리가 서로 사랑하자 사랑은 하나님께 속한 것이니 사랑하는 자마다 하나님께로 나서 하나님을 알고 사랑하지 아니하는 자는 하나님을 알지 못하나니 이는 하나님은 사랑이심이라"(요한일서 4:7-8)

올브라이트 외무장관과 브로치외교

요즘 세계를 가장 바쁘게 누비고 다니는 정치인은 미국 대통령이 아닌 미국의 국무 장관입니다. 그녀의 이름은 매들린 올브라이트(63)입니다. 그녀에게는 많은 이름이 붙어 다닙니다. '미국 최초의 여성 국무장관', '여장부', '전쟁의 여신', '강경 매파' 등 입니다.

그녀는 찬사와 비난의 주인공이자 미국 외교의 수장입니다. 그리고 동에서 번쩍, 서에서 번쩍 합니다. 워싱턴의 중동평화회담을 하던 것 같았는데, 갑자기 프랑스와 이집트를 거쳐 북한의 평양에 가서 김정일 국방위원장과 깜짝 회담을 해서 전 세계의 이목을 집중시켰습니다. 그녀는 유엔 주재 대사에서 클린턴 2기 정부로 들어가 3년 10개월 동안 100개국을 돌며 14만km를 누볐습니다. 세계 무대의 중심에 서 있는 미국이 개입하는 것을 누구나 당연시하듯 '미국은 없어서는 안되는 나라' 라는 게 그녀의 지론입니다. 50년 만에 처음으로 나토를 전쟁에 끌어들였고 미국의 요구에 따르지 않는 유엔 사무총장을 몰아냈습니다. 그리고 세계 모든 나라에 '훈계' 를 일삼고 있습니다.

올브라이트의 조부모는 나치에 희생된 유대인입니다. 그리고 그녀는 체코에서 태어나 11세 때 미국으로 망명했습니다. 미국 클린턴 대통령 부인 힐러리와는 웨슬리 대학 동문입니다. 그녀는 신문 재벌 아들과 결혼했습니다. 그리고 쌍둥이 딸을 포함해서 세 아이를 키우며 존스 홉킨스와 콜롬비아 대학에서 석사와 박사 학위를 받았습니다. 남편과 이혼할 때 많은 위자료를 받았고 그 후 민주당에 입당함으로 정계에 발을 들여놓았습니다. 그리고 지금까지 클린턴을 돕고 있습니다.

특히 그녀는 '브로치 외교'로 유명합니다. 왜냐하면 그저 장식용으로 달고 다니는 것이 아니라 메시지가 있기 때문입니다. 중요한 외교 협상에서 사안에 따라 다양한 모양의 브로치를 달고 미묘한 정치적 메시지를 전달합니다. 실타래처럼 얽힌 중동협상에서는 거미줄 브로치를 착용했고, 회담의 성과가 보이거나 우호적일 때는 비둘기, 아기 천사, 나비 등의 브로치를 달았습니다. 지난 7월 방한 때는 햇빛 모양의 브로치를 달았습니다. 반면 러시아에서는 강력한 미국의 힘을 상징하는 독수리를, 이라크에서는 뱀을, 적대적 관계 국가에서는 벌이나 전갈도 사용합니다. 북한의 평양 순안 공항에 내릴 때는 성조기 브로치를 달아 미국의 원칙적인 입장을 고수하겠다는 뜻을 보였습니다. 그런데 만찬장에서는 돌연 하트 브로치로 바꾸었습니다. '허니문' 관계가 조성됐음을 시사한 것입니다.

숨돌릴 틈도 없이 세계를 주름잡는 그녀의 이러한 행보에 대해 당장의 평가는 어려울 것입니다. 어쨌든 한 시대의 여걸로써 많은 인상을 심어준 것은 부인할 수 없는 사실입니다. 우리들도 매일의 생활 속에서 어떤 메시지를 달고 다닙니까? 우리에게서 풍기는 것은 어떤 것일까요? 사랑입니까? 미움입니까? 구제와 봉사입니까? 아니면 남의 것을 빼앗는 약탈을 가장한 위선입니까? 매일같이 계속 터져 나오는 숱한 비리와 부패를 바라보면서 우리는 당당한 모습으로 누구에게나 메시지를 나타내는 마크를 달고 다녀야 하지 않겠습니까?

예수님은 말씀하셨습니다. "너희는 세상의 소금이니 소금이 만일 그 맛을 잃으면 무엇으로 짜게 하리요 후에는 아무 쓸데없어 다만 밖에 버리워 사람에게 밟힐 뿐이니라 너희는 세상의 빛이라 산 위에 있는 동네가 숨기우지 못할 것이요 이같이 너희 빛을 사람 앞에 비취게 하여 저희로 너희 착한 행실을 보고 하늘에 계신 너희 아버지께 영광을 돌리게 하라"(마태복음 5:13,14,16)

수많은 등대가 주는 교훈

등대가 없는 어느 바닷가 마을이 있었습니다. 등대가 없다보니 크고 작은 뱃길 사고가 이어졌습니다. 이에 뜻 있는 마을 주민들이 힘을 모아 등대를 만들었습니다. 등대의 불빛은 생명의 빛이었습니다. 구조 작업이 이어지면서 뱃길 사고는 줄었습니다. 그런데 뱃길 사고는 항상 있는 것이 아니었습니다. 바다는 잔잔할 때가 많았습니다.

그러자 등대를 만든 사람들은 등대 안 한 편에 연회장을 만들어 평상시에는 마을 주민들이 잔치를 벌일 수 있도록 수익 사업을 하자고 했습니다. 반대하는 사람들이 적지 않았으나 연회장이 만들어졌고 매일 밤 등대에서는 잔치가 벌어졌습니다. 등대지기들이 잔치를 하고 있는 사이 다시 뱃길 사고는 늘어났습니다. 등대 본연의 임무를 망각한 사람들을 비판하던 소수의 사람들이 또다시 뜻을 모아 연회장이 있는 등대 옆에 새로운 등대를 만들어 구조작업을 시작했습니다. 하지만 또 시간이 지나자 내부에서 수익사업을 하자는 사람이 생겨났습니다. 결국 그 등대에도 연회장이 만들어졌습니다. 이후 뱃길 사고는 또 발생했고, 다시 소수의 사람들이 뜻을 모아 두 번째 등대 옆에 세 번째 등대를 만들었습니다. 이야기는 이런 식으로 반복됩니다. 이렇게 해서 그 바닷가 마을에는 구조작업을 하지 않는 수많은 등대가 생겨났습니다. "우리도 한때는 열심히 난파선을 구조했다."라는 전설만을 남긴 채.

이 글은 오늘날 우리 사회의 모습을 보여주고 있습니다. 개혁을 외치고, 제도를 바꾸고, 시들해지고, 다시 개혁을 위해 새로운 기구를 만들고 시간이 지나가면 이름만 있는 기구가 되고, 사건이 터지면 새로운 개혁 기구를 만듭니다. 마치 자꾸 등대를 만들어서 구실 못하는 수많은 등대가 서 있는 것과 같습니다. 개혁을 외치고 갱신을 부르짖는 것도 반드시 필요합니다. 그리고 주장은 신선합니다.

그러나 역사는 갱신을 외쳤던 수많은 운동들이 내부의 기득권 세력들과 주변의 환경에 의해 소멸되는 모습을 증언하고 있습니다. 이는 종교 단체나 사회 단체에도 해당되는 말입니다. 갱신을 외치고 깃발을 높이 들었으나 문득 돌아보니 자신들을 따르는 사람은 적고 보수의 벽은 두껍게 느껴집니다. 이를 극복하지 못하면 갱신의 힘은 약해질 수밖에 없습니다. 우리 주위에 한때 갱신을 외쳤던 사람들이 어느덧 '왕보수'가 돼 기득권을 주장하는 모습도 보입니다. 모두 무수한 바닷가 등대의 등대지기와 같이 "우리도 한때 개혁을 주장했었다."고 '가을날의 전설'과 같이 읊조립니다. 그들에 실망한 또 다른 사람들은 갱신 그룹을 형성합니다. 그러나 그들도 언젠가 개혁과 갱신 운동을 희미한 옛 추억으로 돌릴 지 모릅니다. 기존의 부정적 질서를 뛰어넘는 개혁은 그만큼 힘든 것입니다.

그러나 개혁은 중단할 수 없습니다. 이구동성으로 아직도 많은 사람들이 지금 한국에는 개혁과 갱신이 필요하다고 말합니다. 적지 않은 갱신 단체도 생겨났습니다. 우리는 이들을 주시할 필요가 있습니다. 이들이 슬그머니 연회장을 만드는지, 아니면 초심(初心)을 가지고 변함 없이 역사의 주인공 역할을 하는지를. 그리고 무엇보다 중요한 것은 바로 내 자신의 개혁입니다. 아무리 사회 개혁을 외쳐도 자신이 먼저 변화되지 않으면 안됩니다. 우리 한 사람이 교통질서를 지키고, 공중도덕을 지키고, 세금을 바로 내고, 법을 지키는 일이 필요합니다. 그리고 내 자신부터 근검 절약을 해야 합니다. 정말 내 자신부터 빛을 발하여 생명을 구해주는 등대가 되어야 하고, 내 자신부터 개혁을 실행하는 사람이 되어야 합니다. 그럴 때 우리의 개혁은 힘을 얻을 것이고, 계속되는 역사가 일어날 것입니다.

　성경은 말씀합니다. "그러므로 형제들아 내가 하나님의 모든 자비하심으로 너희를 권하노니 너희 몸을 하나님이 기뻐하시는 거룩한 산 제사로 드리라 이는 너희의 드릴 영적 예배니라 너희는 이 세대를 본받지 말고 오직 마음을 새롭게 함으로 변화를 받아 하나님의 선하시고 기뻐하시고 온전하신 뜻이 무엇인지 분별하도록 하라"(로마서 12:1-2)

세계를 당혹케 한 오보

　이번 미국 대선 결과 보도는 당사자는 물론 밤을 새우다시피한 미국 국민들과 전 세계를 놀라게 한 최대의 오보였습니다. "부시 승리"라는 CNN의 장단에 중남미 신문들이 널을 뛰었고 그 여파는 한국에까지 번졌습니다. 학교 강의를 마치고 돌아오면서 AFKN 뉴스가 전하는 소식을 들었습니다. 미국 ABC 방송을 인용하면서 부시가 미국 대통령에 당선되었다고 보도하고 있었습니다. 그 뉴스를 차안에서 듣고 왔는데, 집에 돌아와 보니 다시 재 검표를 한다고 하더군요. 그런데 재 검표가 벌써 이틀을 넘기고 있습니다. 이제는 부재자 투표 결과까지 기다려 봐야 한다고 합니다. 민주당은 부정 선거라고 주장하며 고소를 준비하고 있습니다. 공화당도 결과가 바뀌면 가만히 있지 않겠다고 합니다. 여론조사의 실수가 이런 결과를 낳았고 섣부른 언론의 경쟁 보도가 실수를 하게 된 것입니다.

　이미 이런 오보는 전부터 있었습니다. '전설적인 코미디 배우 보브 호프 사망' 1998년 6월 5일 AP통신 인터넷 웹사이트에 뜬 긴급 뉴스의 헤드라인입니다. 하원의 딕 아메이 원내총무는 이 사실을 접하고 애도를 표할 것을 제의했습니다. 언론들은 하원 발표를 인용해 호프 사망 뉴스를 보도했습니다. 이 시각 95세의 호프는 캘리포니아에서 아침식사를 하고 있었습니다. 그는 이 소식을 듣고 "나는 여러 번 죽었지만 여전히 여기 잘 있다."고 말했습니다. 과연 코미디언다운 말입니다. 세계적인 AP통신의 오보였던 것입니다. AP통신은 즉시 "호프의 사망에 대비해 준비해 놓았던 기사를 손질하다가 웹사이트에 잘못 게재하는 실수가 있었다."며 정정 기사를 전 세계에 전송했습니다.

이 이야기는 기계 작동의 실수로 일어난 일이지만, 미국의 대선 결과 보도는 "눈뜨고 당한" 역사적인 오보로 남게 되었습니다. "부시 승리"라는 CNN의 보도가 나자마자 전 세계가 인용 보도하며 이미 신문들은 가판대까지 나가 판매가 되었다고 합니다. 그리고 여러 나라에서 부시 당선자에게 축하 전화까지 하는 사태도 일어났습니다.

이런 일이 처음은 아닙니다. 미국 대통령 선거 역사에 올라와 있는 전형적인 오보는 1948년 시카고 데일리 트리뷴이 보도한 '듀이, 트루먼 물리치다.' 입니다. 개표 결과 민주당의 해리 트루먼이 49.1%를 얻어 45.1%에 그친 공화당의 토머스 듀이를 눌렀는데, 여론 조사를 잘못 짚어 낭패를 본 것입니다.

그런데 미국인은 우리와는 달리 낙천적 기질이 있는 모양입니다. "부시 승리"라는 제목을 올린 오보 신문을 인터넷 경매 상품으로 내놨고, 1부 당 25센트인 뉴욕 포스트 새벽 판은 희망 가격 30.01달러에 9.99달러 응찰자가 나왔다고 합니다. 이런 것을 보면 오보의 형님 격인 시카고 데일리 트리뷴지는 한 부가 405달러에 거래되는 것이 당연합니다.

언론의 생명은 정확성입니다. 그러나 언론 역시 사람이 하는 일이다 보니 실수도 있게 마련이고 고의적으로 오보를 낼 수도 있습니다. 우리나라도 김일성 사망이라는 오보를 낸 적이 있습니다. 이웃 나라 일본은 역사를 왜곡하는 오보도 서슴지 않고 내고 있습니다. 그렇다면 중요한 것은 무엇입니까? 그것은 잘못을 솔직히 인정하고 즉각 정정 사과하는 것입니다. 그리고 독자는 솔직히 오보를 인정하고 사과하는 언론에 아량과 재치로 감싸주어야 할 것입니다. 여하튼 민주주의의 대국임을 자부하는 미국은 치명적인 실수를 안게 되었으며, 결국 인간에게 완벽한 일은 없다는 것을 보여주었습니다.

성경은 말씀합니다. "지혜 있는 자에게 교훈을 더하라 그가 더욱 지혜로와질 것이요 의로운 사람을 가르치라 그의 학식이 더하리라 여호와를 경외하는 것이 지혜의 근본이요 거룩하신 자를 아는 것이 명철이니라"(잠언 9:9-10)

두 종류의 청소원

최근 우리나라 신문에 두 종류의 청소원에 대한 기사가 실렸습니다. 먼저 소개된 청소원은 권력의 핵심인 청와대 청소원 이씨(李氏)로, 거액의 뇌물을 받아 세인의 냉소와 허탈감을 주었습니다. 정말 어처구니 없는 일입니다. 이 나라 권력의 심장부인 청와대 총무비서관실 소속 8급 위생직 직원이 동방금고 불법대출사건으로 구속중인 한국디지털라인 사장 정현준씨로부터 거액을 사취한 혐의로 검찰에 구속됐습니다. 담당 구역도 없이 청와대 경내를 빗질하는 일개 청소원이 사건과 연루돼 8억 원을 챙겼다면 이건 참으로 한심한 일이 아닐 수 없습니다. 자연적으로 '청와대 청소원이 그 정도 챙겼으니 이 땅의 권력 실세들은 과연 어떻겠는가?' 라는 비아냥거림까지 나올 수밖에 없는 형편입니다.

청와대 직원들은 대통령을 가장 가까운 곳에서 보필하는 사람들입니다. 이들은 무엇보다도 높은 도덕성과 엄정한 복무기강을 요구받습니다. 그런데 그들이 이 정도라면 다른 공직자들의 국가기강은 얼마나 문란하겠습니까? 그리고 그들의 부패 행위 어느 정도겠습니까? 더 심각한 문제는 청와대의 하급 직원조차도 권세를 행세하는 사회적 구조와 세태입니다. 청와대측은 이번 사건이 코스닥 열풍에 휩싸인 이씨가 과장을 사칭하고 벌인 단순 비리라고 말합니다. 그러나 정 사장이 이씨의 사설펀드 투자 손실 분 4억 원을 고스란히 보전해 주었고 13차례에 걸쳐 생활비 등으로 1억 8천여 만원을 주는 등 모두 8억 원을 건넨 것은 단순한 비리로 볼 수 없는 문제입니다. 이씨가 청와대 과장이라고 했기보다 이씨를 통해 해결하려고 했던 문제가 있었기 때문이라는 의혹이 제기되고 있습니다.

반면 이와는 정반대의 감동을 준 청소원의 이야기가 있습니다. 서울 송파구는 '낙엽장학금'을 운용하고 있습니다. 이 지역 환경미화원들이 주축이 돼 낙엽을 모아 판 돈으로 기금을 마련했다고 합니다. 이들은 정말 맑고 향기로운 마음을 지닌 사람들입니다.

우리는 살아가면서 값지고 소중한 것을 대수롭지 않게 여기고 감사의 생각을 갖지 않는 경우가 많습니다. 청소를 직업 삼는 이들에 대해서도 마찬가지입니다. 아침에 출근 할 때 깨끗해진 거리를 지나면서도 '청소하는 사람이 제 일을 했으려니...' 라고 여길 뿐 감사한 마음을 잊기 쉽습니다. 그들은 우리가 잠자는 시간에 거리를 청소하는 사람들입니다. 매일 같이 산더미처럼 쏟아져 나오는 쓰레기 봉투를 밤새 이들이 치우지 않았다면 어떻게 되겠습니까?

우리는 보이지 않는 곳에서 수고하는 이런 분들에 대하여 감사하는 마음을 가져야 합니다. 이들은 우리가 잠자고 있을 때 자신들에게 주어진 일을 묵묵히 하고 있다는 사실을 기억해야 합니다. 그래야 고마운 마음이 생깁니다. 우리 사회는 언제부터인가 이런 직업에 종사하는 이를 '청소인부', '잡역부'에서 '청소원', '환경미화원'으로 부르고 있습니다. 그러나 이름만 바꾸었지 예우는 아직도 미흡합니다. 이들이 낙엽을 모아 팔아 그것을 어려운 자들에게 나누어주는 모습은 기분이 좋은 일이며, 우리에게도 여전히 소망이 있음을 보여줍니다.

최근 일어난 두 종류 청소원의 일로 인해 우리 사회의 한 단면을 보고 있습니다. 청와대 청소원이 거액의 뇌물을 받아 세인의 냉소와 허탈

감을 자아내고 있습니다. 반면 자신들도 고되고 어려운 생활을 하면서도 같이 어려움을 당하는 자들에게 베푸는 환경미화원들이 있습니다.

성경은 말씀합니다. "너희 중에 지혜와 총명이 있는 자가 누구뇨 그는 선행으로 말미암아 지혜의 온유함으로 그 행함을 보일지니라"(야고보서 3:13) "이와 같이 선행도 밝히 드러나고 그렇지 아니한 것도 숨길 수 없느니라"(디모데전서 5:25) "오직 선행으로 하기를 원하라 이것이 하나님을 공경한다 하는 자들에게 마땅한 것이니라"(디모데전서 2:10)

고려청자 사기극

한 일본인이 세계적인 명품인 한국 고려청자의 맥을 이었다고 속였습니다. 그는 파리 유네스코 본부와 기메 박물관, 이탈리아의 밀라노 등에서 도예전을 열며 고려청자 전문가 행세를 하다가 사기극이 들통나고 말았습니다. 얼마 전에는 권위를 자랑하던 일본의 고고학자가 구석기 유물을 날조하더니, 이번에는 우리 도예가들이 필생의 과제로 꼽고 있는 고려청자 복원 화두를 이용해 사기극을 벌였으니 해도 너무 합니다.

고려청자가 세계적인 평가를 받게 된 것은 어제 오늘의 이야기가 아닙니다. 중국 송(宋)나라 때 학자 태평노인(太平老人)은 '수중금(袖中錦)'이라는 저서에서 천하제일을 꼽는 속에 '고려청자' 항목을 넣어서 찬탄을 아끼지 않았습니다. 영국의 저명한 현대 미술사가인 하니(W. B. Honey)도 그의 논문 속에 '일찍이 인류가 만들어낸 도자기 중에서 가장 아름다운 것'이라고 최고의 찬사를 아끼지 않았습니다. 특히 고려청자가 담고 있는 비 개인 후 먼 하늘의 맑고 푸른빛을 연상케 하는 비(翡)색의 은은함은 아직도 그 신비가 완전히 풀리지 않았습니다. 월탄 박종화 선생은 일찍이 '청자부'라는 글에서 이렇게 고려청자의 아름다움을 읊은 바 있습니다.

'빛깔 오호 빛깔/살포시 음영을 던진 갸륵한 빛깔아/조촐하고 깨끗한 비취여/가을 소나기 마악 지나간/구멍 뚫린 가을하늘 한 조각/물방울 뚝뚝 서리어/곧 흰구름장 이는 듯하다/그러나 이것은/천년 묵은 고려청자기!'

일본에서는 임진왜란을 도자기 전쟁이라고도 부릅니다. 임진왜란과 정유왜란 당시 우리나라를 노략질한 이유 중의 하나가 도자기에 대한 욕망이었기 때문입니다. 근세에 들어서는 이토 히로부미가 통감(統監)으로 서울에 부임하면서부터 고려청자의 붐이 다시 일기 시작했습니다. 수많은 일본인들이 이토의 비호 아래 개성과 강화 근처의 고분을 마구 파헤쳐서 수만 개를 헤아리는 고려청자들을 일본으로 실어갔습니다.

고려청자의 비법은 신비스러운 것으로 알려져 왔습니다. 아무나 쉽게 만들 수 있을 정도로 그렇게 간단히 풀려지는 것이 아닙니다. 한국 전통 문화에 애정을 가졌던 일본 미술사가(美術史家) 야나기(류종열)는 고려청자의 비법으로 흙(Ground), 따스함(Warmness), 불꽃(Fire), 선(Line), 색(Color) 다섯 가지를 들었습니다. 거친 대륙의 기후에 시달린 흙을 남화로 구운 중국의 자기나, 유약한 섬 흙을 여화로 구운 일본 자기로는 고려청자를 흉내낼 수 없다고 했습니다. 그리고 고려청자 표면에 손을 얹을 때 마음에 전도되는 따스함을 다른 자기에서는 느껴볼 수 없다고 했습니다. 자기는 가마 속의 불꽃과 연기로 미추가 결정됩니다. 송자는 산화염에서 미를 얻었고 고려청자는 환원염에서 미를 얻는다 하여 "못다 타지 않고 태워 남기지 않은 불래불거의 경지가 고려청자의 면에 표출되는 것은 환원염의 신비"라고 했습니다.

애원하는 듯한 청자의 곡선에 온 민족이 마음의 미를 맡겼습니다. 고난을 이겨오지 못한 나라 사람은 나타낼 수도 없고, 잠재된 정을 읽을 수도 없다고 했습니다. 어느 박물관 당국자는 전시실에서 휴식 없이 인파의 시선에 노출되면 고려청자는 그 빛깔도 피로한 기색을 보인다고 말했습니다. 가짜를 가지고 고려청자 명품이라고 한 일본인들은 고고학 사기에 미학 사기까지 치고 말았습니다.

우리나라에서도 고려청자 재현을 놓고 "성공이다.", "아직이다."하고 있습니다. 그런데 일본인이 "한국정부 요청으로 청자를 복원했다."면서 세계에 떠들고 다녔습니다. 장사 수완이 좋았던지 그는 개인전도 열고 한 점에 3,000만원 정도의 거액으로 상당량을 팔아 넘긴 것으로 알려지고 있습니다. 일본의 박물관들에는 기증도 했답니다. 문제는 이 사기꾼과 함께 어울린 한국인도 있다는 사실입니다. 가짜를 진짜라고 하고, 가짜를 진짜로 믿고 살아가는 세상입니다. 그러나 결국 진실은 밝혀지기 마련입니다. 설사 이 땅에서는 속일 수 있을지 몰라도 마지막 심판대 앞에서는 낱낱이 밝혀짐을 알고 항상 진실하게 살도록 힘써야 겠습니다.

성경은 말씀합니다. "스스로 속이지 말라 하나님은 만홀히 여김을 받지 아니하시나니 사람이 무엇으로 심든지 그대로 거두리라"(갈라디아서 6:7)

위기의 본질을 알자

요즘 어디서나 가장 많이 들을 수 있는 말은 "위기"입니다. 이 말은 매일 대하는 신문에서도 제일 많이 나오는 말입니다. 정치, 경제, 사회 등 모두가 다 위기라는 말입니다. 특히 경제 위기에 대해서는 이구동성으로 모든 사람이 말합니다. 이것은 어려움이 피부에 와 닿기 때문이기도 하지만, 어려움이 올 것 같다는 마음 때문이기도 합니다.

IMF라는 거대한 격랑을 만나 온 국민이 다시 허리를 졸라매고 힘을 모아 위기를 탈출하려고 많이 애를 썼습니다. 그 결과로 IMF 관리 체제에서 벗어났다고 안도하기도 했습니다. 세계가 한국의 위기 극복을 대단히 긍정적인 사례로 평가하던 것이 불과 얼마 전이었습니다.

그러나 지금 우리는 다시 경제 위기의 공포에 휩쓸리고 있습니다. 수십 개의 부실 기업이 퇴출을 당해 문을 닫을 처지에 놓여 있습니다. 실업자 수는 다시 급증하고 있습니다. 일부 경제 전문가는 내년 초가 되면 우리는 최악의 상태를 맞을 것이라고 비관적 진단을 내리고 있습니다.

왜 이렇게 됐을까요? 원인이 무엇일까요? 위기의 본질이 무엇일까요? 우리는 그것을 바로 알아야 합니다. 물론 여러 가지 이유가 있을 것입니다. 담당자들의 정책 혼선, 책임감 결여, 불성실, 부정 부패 등을 이유로 들 수 있을 것입니다. 하지만 모든 것이 그들만의 잘못은 아닐 것입니다. 우리는 냉철하게 가슴을 열고 심각하게 반성해야 합니다. 우리 국민 모두에게 책임이 있다고 생각하는 것이 정직한 일입니다.

경제 위기보다 더 큰 위기는 우리 모두의 인식과 태도입니다. 공동체 사회를 이루기 위해서는 절도와 법도가 필수적입니다. 그런데 그것이 현저히 떨어지고 있습니다. 바로 도덕적 해이이고 법의식의 상실입니다. 끊임없이 터져 나오는 소위 "모모 게이트"와 부패 사건도 그 연장선상에 있습니다. "남은 어떻게 되든지 나만 잘 먹고 잘 살면 된다.", "잘못된 법은 지키지 않아도 된다.", "내 것 가지고 내 마음대로 하는데 무슨 상관이냐?"와 같은 표현들은 남에 대한 배려나 공동체 의식을 전혀 반영하지 않고 있는 것들입니다. 나라 경제가 어려운데 정치적 업적에만 몰두하는 지도자들, 기업은 망하는데 자기 잇속만 챙기는 기업인과 공직자들, 한탕주의에 너무 노출돼 있는 일반 사람들에게 절도와 법도는 실종되었습니다.

우리는 세계 10위의 에너지 소비 국가입니다. 원유 수입으로는 세계 4위입니다. 휴대폰 가입자는 2,600만 명입니다. 인구 1.5명당 한사람입니다. 자동차 수는 1,200만대로 4.2명당 1대입니다. EU를 한 단위로 계산한다면 세계 10위안에 듭니다. 해외관광여행은 올해 164만 명(9월말)이 다녀왔습니다. 증권 인구는 95년에 154만 명이던 것이 현재 300만 명에 달합니다.

지금 우리나라의 형편에서 보면 우리는 너무 지나친 것 같습니다. 집은 셋방에 살아도 자동차는 있어야 한다고 생각합니다. 심지어 초등학생까지 휴대폰은 있어야 하고, 살림은 어려워도 해외여행은 나가야 한다고 생각합니다. 남의 돈을 빌려서라도 외식은 해야 문화생활을 하는 사람으로 인정받는다는 잘못된 사회적 인식이 깊이 뿌리내리고 있습니다. 선진국에서도 이런 극성과 체면치레·허장성세·자기과시는 찾아볼 수 없습니다. 이름 있는 산이란 산은 엄청나게 늘어난 등산객들로 모조리 벌건 속살을 드러내고 있습니다. 남이 하면 나도 해야 한다는 심리입니다. 무슨 식품이나 약제 등 한번 좋다고 소문나면 순식간에 사라집니다.

질서나 남에 대한 배려는 보이지 않습니다. 휴대폰은 음악회가 이루어지는 곳이든, 장례식이든 아무데서나 시도 때도 없이 울어댑니다. 교통질서를 안 지키는 사람을 지적했다가는 얻어맞기는 세상입니다.

한 외국인의 말을 새겨 들어볼 필요가 있습니다. "IMF 관리체제 때 한국인들이 금붙이를 내놓는 것을 보고 나는 정말로 놀랐고 감동했다. 그런데 한국 사회의 무질서와 남에 대한 배려가 없음을 보고 나는 또 한번 놀라고 당황했다. 나는 어떤 것이 진짜 한국인지 분간할 수가 없다." 위기의 본질을 바로 아는 것이 경제 위기보다 중요하고 경제 위기의 본질을 극복할 수 있는 최선의 길입니다.

성경은 말씀합니다. "적은 소득이 의를 겸하면 많은 소득이 불의를 겸한 것보다 나으니라 교만은 패망의 선봉이요 거만한 마음은 넘어짐의 앞잡이니라"(잠언 16:8,18)

미국 대통령 선거의 승자와 패자

제 43대 미국 대통령으로 당선이 확정된 공화당의 조지 W. 부시 텍사스 주지사와 낙선자인 민주당의 앨 고어 부통령은, 13일 밤(현지시각) 각각 TV로 생중계 된 연설을 통해 국민통합과 초당적 협력을 다짐했습니다. 이에 앞서 고어 부통령은 부시에게 전화를 걸어 승리를 축하했습니다. 두 사람은 오는 19일 워싱턴에서 회동할 예정입니다.

이번 대통령 선거로 많은 상처와 국론 분열의 양상이 나타났지만, 역시 미국은 법과 질서를 지키며 인내할 줄 아는 성숙한 민주 국가임을 보여주었습니다. 선거의 승자인 부시 당선자는 이날 오후 10시 텍사스 주 하원 의사당에서 행한 연설을 통해 "치열한 경쟁이 벌어진 후의 나라를 치유하는 데 함께 최선을 다하기로 고어와 의견을 같이했다."며 "우리는 이제 '정치'를 뒤로하고 '미국의 번영'을 위해 함께 일해야 한다."고 말했습니다. 부시는 "미국은 화해와 통합, 번영을 원하고 있다."며 "21세기 미국을 위해 공감대를 찾아내고 여론 통합을 이룩해야 할 때"라고 말했습니다. 부시 당선자는 그의 연설문에서 고어에 대한 많은 배려를 보여주고 있습니다. 그는 고어를 위대한 정치인이라고 말하면서 민주당원들에게도 위로와 협력을 호소하고 있습니다.

선거의 패자가 된 고어 부통령은 한 시간 전인 오후 9시 부통령 집무

실이 있는 워싱턴 백악관의 아이젠하워 빌딩에서 행한 연설을 통해 "연방대법원의 판결(수작업 재 개표 위헌)에 동의하지는 않지만, 국민 통합과 튼튼한 민주주의를 위해 승복한다."며 선거 패배를 인정했습니다. 그리고 부시 당선자를 적극 협조할 것이며 민주당원들도 그렇게 해 줄 것을 부탁했습니다.

대통령 선거인단 538명은 오는 18일 투표를 통해 부시를 차기 대통령으로 공식 확정지을 예정입니다. 그리고 부시 당선자는 내년 1월 20일 취임합니다. 흥미로운 것은 연방대법원의 판결로 선거의 승패가 갈린 민주당 앨 고어와 공화당 조지 W. 부시가 이튿날인 13일 밤 대(對)국민 연설에서 나란히 들고 나온 주제는 '스티브 더글러스 대 토머스 제퍼슨'이었습니다. 고어는 승복 연설에서 "약 150년 전 더글러스 상원 의원은 선거에서 자신을 패배시킨 아브라함 링컨에게 '당파적 감정은 애국심에 길을 비켜줘야 합니다. 링컨 대통령, 나는 당신과 함께 있소.'라고 말했습니다."라고 인용했습니다. 그런 옛 이야기를 꺼낸 고어는 "더글러스와 같은 정신으로"라며 패배 승복 연설을 이어갔습니다. 고어의 연설이 끝난 1시간 뒤 부시 역시 그의 연설에서 200년 전 토머스 제퍼슨의 얘기를 꺼냈습니다. 제퍼슨은 1,800명 선거인단에서 동수(同數)를 이루는 접전 끝에 하원에서 3대 대통령으로 당선돼 처음으로 정권교체를 이뤘습니다. 그는 당선 직후 '화해와 개혁'이란 제목의 편지를 썼습니다. "우리가 마음놓고 둥지를 틀 수 있는 바위는 우리 국민들이 원칙에서 흔들리지 않는다는 점과 합리성에 대한 일관된 태도를 갖고 있다는 점이다." 부시는 이런 이야기를 소개하면서 "국가를 치유하기 위해 우리는 서로를 존중하고 서로의 차이점을 존중하자."고 말했습니다.

이날 '미국(America)'과 '미국인(American)'이라는 단어를 부시는 17번, 고어는 14번 사용했습니다. 고어는 "이것이 미국이다."라고 두 번씩이나 강조했습니다. 싸울 때는 싸우지만 단결할 때는 단결하는 것이 미국의 전통이라는 얘기였습니다. 미국은 단결될 것입니다. 그리고 선거에서의 승리가 인생의 승리가 될 수 없듯이, 선거에서의 패배 역시 인생의 패배가 될 수 없습니다. 이미 선거 결과에 겸손과 정직함으로 고백한 그들은 모두가 다 승자입니다. 그리고 그들의 남은 행적이 진정한 승자와 패자를 결정할 것입니다.

인생의 승리자인 사도 바울은 이렇게 고백합니다. "내가 선한 싸움을 싸우고 나의 달려갈 길을 마치고 믿음을 지켰으니 이제 후로는 나를 위하여 의의 면류관이 예비되었으므로 주 곧 의로우신 재판장이 그 날에 내게 주실 것이니 내게만 아니라 주의 나타나심을 사모하는 모든 자에게니라"(디모데후서 4:7-8)

인터넷 자살 사이트

　최근 인터넷 자살 사이트에서 만난 2명이 동반 자살한 사건이 발생했습니다. 뒤이어 한 젊은이가 역시 자살 사이트에서 알게 된 다른 사람의 '청부 자살'을 위해 돈을 받고 살인을 저질렀습니다. 젊은이의 주장처럼 죽은 사람이 간절히 원했다고 해도 사건의 충격은 큽니다. 자살을 돕거나 자살 방법을 알려주는 소설과 달리 젊은이는 직접 살해한 것이기 때문입니다.
　선진국에서는 이미 인터넷 자살 사이트가 사회 문제화 된지 오래되었습니다. 국내 자살 사이트는 50여 개이고 이용자는 6,000여명이라고 합니다. 인터넷 '자살 사이트'가 실의에 빠진 젊은이들의 자살을 방조하거나 부추기고 있습니다. 자살 사이트는 대부분 자살을 방지하고 죽음에 대한 진지한 논의의 장을 마련한다는 명분을 내걸고 있습니다. 하지만 일부는 노골적으로 자살을 유혹하는 내용을 담고 있는 것으로 밝혀졌습니다. 때문에 '자살'을 주제로 한 50여 개 사이트는 '자살을 고려 중인 사람들'이 은밀히 만나는 통로로 이용되고 있습니다. 혹은 자살 방법을 배우는 곳으로 악용되고 있습니다. 실제로 한 '자살 사이트' 게시판에서는 자신의 신세를 비관한 글이 많았습니다. 그리고 '자살 방법'을 친절히 안내하는 글이 뒤따랐습니다. '애인에게 배신당했습니다. 빚도 6,000만원이나 있어요.', '죽고 싶어 환장했어요. 편안하게 죽을 수 있는 방법 좀' 등의 내용입니다. 답변은 한결같았습니다. '약국에서 ○○○라는 약을 사 드세요.', '높은 곳에서 약을 먹고 떨어지세요. 그래도 안 죽으면 매일 보내세요. 상담해 드릴께요.'

문제는 이런 사이트가 최근 1-2년 사이에 우후죽순처럼 생겨나고 있다는 점입니다. 서울 경찰청 사이버 범죄수사대는 "작년 처음 자살 사이트가 나타나기 시작했는데 1년 사이 50여 개로 늘어났다."고 말했습니다. 다음 커뮤니케이션 홍승용 팀장은 "상습적으로 자살 사이트에 드나드는 사람은 6,000여명쯤 됩니다."고 말했습니다. 일본의 경우 자살 사이트 150여 개가 운영 중이어서 심각한 사회 문제가 되고 있습니다. 경찰은 "이번 '청부 자살' 관련자들은 대부분 내성적이고 음울한 성격이었다."고 말했습니다. 연세 의대 정신과 민성길 교수는 "자살 사이트의 범람은 사회 전반에 자살이라는 병을 만연시킬 수 있는 요인"이라고 우려를 표명했습니다.

한편 집단 자살과 청부 자살을 조장한 혐의로 자살 사이트들에 대한 사회적 비난이 일어나자, 자살 사이트들이 이날부터 스스로 홈페이지를 폐쇄하기 시작했습니다. 그러나 인터넷 자살 사이트에 5만 건 이상의 접속이 이루어질 정도라면 심각한 문제입니다. 문제가 된 청부 자살 용의자에게 '죽고 싶다.'며 살인을 부탁한 사람만 10여명이라고 합니다. "자살 사이트는 자살 충동을 부추기는 하나의 기폭제"라고 합니다. 자신의 자살 욕구가 사이버 공간을 통해 주위 사람들의 동조를 받고 정당화된다면 혼자 느꼈던 자살충동이 더 강화된다는 것입니다. 이는 인터넷 공간이라는 첨단 문명의 이기가 부추긴 것은 틀림없습니다. 하지만 자살 충동의 보다 근본적 원인은 사회·경제적 혼란, 삶의 방향 감각을 잃은 개인의 자아상실, 가정의 위기일 것입니다. 검찰의 수사와 사이트 폐쇄만으로는 한계가 있음을 짐작할 수 있습니다.

우리 인간의 생명은 하나님께서 주신 것입니다. 우리는 다른 사람을 파괴할 권리는 물론 나를 파괴할 권리마저 없다는 사실을 알아야 합니다. 그리고 인간의 삶의 근본적인 목적과 의미를 바로 아는 것이 자살을 막을 수 있는 유일한 해결책일 것입니다. 우리 인생은 너무도 소중하게 지음을 받았고 사명을 가진 피조물입니다.

성경은 말씀합니다. "하나님이 가라사대 우리의 형상을 따라 우리의 모양대로 우리가 사람을 만들고 그로 바다의 고기와 공중의 새와 육축과 온 땅과 땅에 기는 모든 것을 다스리게 하자 하시고 하나님이 그들에게 복을 주시며 그들에게 이르시되 생육하고 번성하여 땅에 충만하라 땅을 정복하라 바다의 고기와 공중의 새와 땅에 움직이는 모든 생물을 다스리라 하시니라"(창세기 1:26, 28)

실패 예찬

'실패는 성공의 어머니'라는 말이 딱 어울리는 한 해의 마지막을 맞이했습니다. 올해는 우리에게 많은 실패를 경험하게 한 해였습니다. 좋은 일과 좋지 않은 일들이 정치, 경제, 사회를 총망라해서 전 분야에 넘쳤습니다. 그러나 우리는 실패를 성공의 밑거름으로 사용하는 사람이 되어야 합니다. 우리에게 절망은 없습니다. 실패를 딛고 일어나 성공한 사람들의 이야기는 항상 우리에게 새로운 도전을 줍니다.

바로 노벨상을 창설한 노벨도 실패를 이긴 성공자입니다. 알프레드 노벨은 니트로글리세린을 폭발약으로 개발하고자 공장을 지었습니다. 니트로글리세린의 화학적 성질은 불안정한 것이었기 때문에 공장에 폭발 사고가 잇달아 일어났습니다. 이에 노벨은 폭발물 제조를 실패한 것으로 체념하고 공장을 폐쇄하기로 했습니다. 그런데 정리하던 어느 한 직공이 들고 가던 양철통에서 니트로글리세린이 새어나와 흙 속에 스며든 것을 본 노벨은 영감이 떠올랐습니다. 그는 기뻐 날뛰면서 큰 소리로 외쳤습니다. "공장 폐쇄는 중지한다!" 곧바로 실험에 착수했습니다. 역시 예상했던 대로였습니다. 이 위험한 액체를 고체인 규조토에 스미게 함으로써 안전한 폭약을 얻는 데 성공한 것입니다. 그 이름을 다이너마이트라고 짓고 막대한 돈을 벌어 노벨상을 창설했습니다.

전기가 통하는 플라스틱을 발견한 공로로 올해 노벨 화학상을 타게 되는 일본인 시라가와 교수도 노벨이 그러했듯이 실패를 딛고 대어(大魚)를 낚았습니다. 화학 물질 합성 실험을 하는데 생겨서는 안 될 엷은 막이 생겨났습니다. 원인을 따져보았더니 한국에서 온 한 유학생이 실수로 촉매제를 1,000배나 많이 첨가했기 때문이었습니다. 그 실패가 전기를 통하는 플라스틱의 발견으로 연결된 것입니다. 실패를 딛고 일어선 일본 교수도 노벨처럼 돈방석에 앉게 되었습니다.

포스트잇 또는 3M으로 알려진 사무용 접착제도 노벨이나 시라가와처럼 화학 실험의 실패에서 얻은 수확입니다. 미국의 한 접착제 제조 회사는 회사의 운명을 걸고 강력 접착제 개발에 총력을 기울였습니다. 그런데 만들어놓고 보니 기대했던 강력이 아니었습니다. 실패였습니다. 회사를 청산해야 하는 단계에 한 말단 사원이 의견을 내놓았습니다. "강력 접착을 요구하는 세상이라면 그만큼 약력 접착도 요구할 것이다. 그 약력 접착 수요를 찾아보자." 결국 그 제안으로 접착 사무용품인 포스트잇을 발견하기에 이르렀고 역시 거부가 되었습니다.

미국 기업에는 실패를 하면 문책을 받기보다 오히려 승진시키는 제도가 있다고 합니다. 남이 하지 않는 새로운 시도를 장려하기 위함입니다. 실패에서 얻는 소득을 노려 실패를 장려하는 풍조는, 실패는 악이고 끝장이라는 우리 한국인의 실패 의식에 자극이 될 것입니다. 다시 일어섭시다. 새롭게 출발합시다. 실패를 성공으로 바꿉시다.

성경은 말씀합니다. "항상 기뻐하라 쉬지 말고 기도하라 범사에 감사하라 이는 그리스도 예수 안에서 너희를 향하신 하나님의 뜻이니라" (데살로니가전서 5:16-18) "우리가 사방으로 우겨쌈을 당하여도 싸이지 아니하며 답답한 일을 당하여도 낙심하지 아니하며 핍박을 받아도 버린 바 되지 아니하며 거꾸러뜨림을 당하여도 망하지 아니하고 우리가 항상 예수 죽인 것을 몸에 짊어짐은 예수의 생명도 우리 몸에 나타나게 하려 함이라"(고린도후서 4:8-10)

우리 모두 달리자

아카데미상을 받은 영화 중 '포레스트 검프'라는 영화가 있습니다. 가장 인상에 남는 것은 주인공 톰 행크스가 달리는 장면입니다. 그는 어릴 때 장애자였지만 그를 잡으러 오는 친구를 피해 계속 달리기 시작했습니다. 그리고 기적같이 다리가 나았고, 계속 달리는 것을 본 미식축구 코치는 놀라서 학교 대표 선수로 그를 발탁했습니다. 그는 터치다운을 하고도 계속 운동장 바깥까지 달리는 해프닝을 연출했습니다. 베트남 전쟁에서도 그는 자신의 유명한 달리기로 동료들을 구해내는 혁혁한 공을 세웠습니다. 그리고 애인의 죽음 이후 무작정 거리로 나가 뛰는 장면은 역시 인상적입니다.

그가 왜 달렸을까요? 그것은 상실감의 극복을 위해서라고 할 수 있습니다. 다른 면에서 달리기는 기분 전환과 다이어트에 효과가 있습니다. 달리기로 다이어트에 성공한 사람으로는 요쉬카 피셔(52) 독일 외무장관을 꼽을 수 있습니다. 그는 우리나라를 비롯해 어느 곳을 방문해도 매일 달립니다. 한국을 방문중인 피셔 장관은 오전에 외무장관 회담과 오후 청와대 방문 중간에 틈을 내어 50분 동안 남산 산책로 10㎞를 달렸습니다. 달리기에 관한 한 광적일 정도입니다. 그는 1999년 뉴욕 국제마라톤대회 풀코스(full course)를 3번 완주하기도 했습니다. 그가 달리기를 시작한 것은 지난 96년 불규칙한 생활, 무절제한 식사, 스트레스 등으로 112kg의 '똥보'가 되고 체력 약화에 이혼까지 당하면서부터입니다. 각고의 노력 끝에 1년 만에 37kg을 뺀 그는 지금까지 75kg을 유지하고 있습니다. 그의 눈물겨운 다이어트 과정을 담은 책이 '나는 달린다.' 입니다. 독일에서 베스트셀러가 된 이 책에서 그는 '달리기는 정신과 육체가 하나로 되는 자아 여행' 이라고 했습니다.

달리기는 계속 이어지는 단조로운 발걸음입니다. 혼자서 달린다는 것은 재미도 없고 힘듭니다. 그러나 고통의 단계 이후에는 머릿속이 깨끗하게 빈 것 같은 맑음이 찾아옵니다. 지혜로운 사람은 달리면서 여러 가지 생각도 하고 때로는 좋은 아이디어를 얻기도 합니다. 떠오르는 한 가지 생각에 집중하다보면 명상으로 발전되기도 합니다. 달리는 사람은 오직 건강만을 위해, 혹은 다이어트나 장수를 위해서만 달리지 않습니다. 달리는 사람은 달리기를 통해서 인생살이에 집중력을 얻을 수 있습니다.

모든 인생은 나름대로 목표를 가집니다. 첫째는 자기가 원하는 것을 소유하는 것이고, 둘째는 그것을 즐기는 일입니다. 지혜로운 사람만이 두 번째 목표를 달성할 수 있을 것입니다. 기쁨과 즐거움과 감사함으로 목표를 향하여 달릴 수 있으면 행복한 사람이고 성공자입니다. 새해를 맞이하여 우리 모두 달립시다. 목표를 향하여 저 높은 곳을 향하여 달려갑시다. 힘들고 고통스러운 일도 있을 것입니다. 그러나 목표를 가진 자는 즐기고 감사하면서 달릴 수 있습니다. 낙심하지 말고, 포기하지 말고 우리도 달립시다.

성경은 말씀합니다. "형제들아 나는 아직 내가 잡은 줄로 여기지 아니하고 오직 한 일 즉 뒤에 있는 것은 잊어버리고 앞에 있는 것을 잡으려고 푯대를 향하여 그리스도 예수 안에서 하나님이 위에서 부르신 부름의 상을 위하여 좇아가노라"(빌립보서 3:13-14)

폭설

몇 년만에 엄청난 폭설이 왔습니다. 서울을 비롯한 중부 지방은 난리가 났습니다. 휴일인 지난 7일 20년만의 폭설로 나라 전체가 곤욕을 치렀습니다. 교통대란이 일어났습니다. 기차가 유일한 교통 수단이 될 정도로 모두 얼어붙었습니다. 폭설로 여러 명이 희생되었고 재산 피해만 684억 원이 넘었습니다.

눈은 순결과 무구(無垢)의 상징으로 간주되고 있습니다. 삭막하기 이를 데 없는 겨울은 눈 때문에 포근한 정경으로 우리를 감쌉니다. 하얀 솜사탕 같은 정겨움과 안온함이 우리 모두에게 따뜻한 추억을 만들어 줍니다. '부드러운 설편(雪片)이 생활에 지친 우리의 굳은 얼굴을 어루만지고 간지를 때 우리는 어찌된 연유인지 부지 중 온화한 마음과 인간다운 색채를 띤 눈을 가지고 이웃 사람들에게 경쾌한 목례를 보내지 않을 수 없게 되는 것이다.' 라는 수필 구절도 있습니다.

음악가 드보르작이 미국 아이오와에서 "신세계로부터"를 작곡하고 있을 때 폭설이 내렸습니다. 드보르작은 바깥 세상과 완전히 단절된 채 열흘 동안을 하루에 감자 하나씩만 먹고 연명했습니다. 눈이 많은 미국의 동북부에 가면 지하실에 커다란 냉장식량창고 하나씩이 마련되어 있는데, 폭설에 대비한 생활의 지혜입니다. 그래서인지 서양 사람들의 눈 이미지는 공포와 죽음입니다. 온 천지가 일색으로 보인다고 해서 맹목불감증을 연상하고 상징합니다.

이에 비해 한국의 눈은 희고 밝고 곱고 풍년을 기약합니다. 그 해 첫눈을 받아먹으면 눈이 밝아지고 눈으로 살갗을 문지르면 희고 부드러워진다고 합니다. 그래서 부드럽고 고운 피부를 설기·설부라고 했습니다. 첫날밤에 눈이 내리면 평생 금슬이 좋다고 합니다. 첫눈을 세 번 받아먹으면 감기를 앓지 않는다는 등 한국 사람들은 눈을 긍정적으로 봅니다.

그러나 폭설은 동서양을 막론하고 많은 피해를 줍니다. 그런데 전혀 준비가 없었던 정부와 관계자들의 무사안일주의는 더 많은 피해를 가져왔습니다. 눈 제설이 되지 않아 국내선 항공편은 물론 국제선은 이륙도 못했습니다. 망신은 그만 두고라도 개인적으로 사업하는 분들에게 얼마나 많은 손해가 있었겠습니까? 관광 한국을 소리치던 것들은 모두 헛구호에 그치고 말았습니다.

그 시간, 말로는 국민을 위한다고 하는 정치 지도자들은 오직 자신들의 권력을 유지하기 위한 이전투구에 정신 나가 있었을 뿐입니다. 경제 사정도 어렵고 민심도 흉흉한데, 폭설까지 내려 피해가 많고 짜증이 겹치니 더 힘들게 되었습니다. 더구나 건설교통부 등 주무 부처의 고위 공무원들은 폭설에도 아랑곳하지 않고 '재택 근무'에 열중했다고 합니다. 한심하기 이를 데 없습니다. 염려되는 것은 폭설보다 국민의 불평과 불만이 더 깊이 쌓이고 있다는 것입니다.

그렇다고 우리는 불평만 하고 있을 수는 없습니다. 우리가 지켜야 할 자리는 지켜야 하고 폭설에 대비하여 준비를 해야 합니다. 더 큰 피해가 없도록 눈을 치울 수 있는 준비도 해야 합니다. 우리는 묵묵히 자리를 지켜야겠습니다. 국민들이 자신들의 자리에서 요동하지 않을 때 지도자들도 무서워 할 것입니다. 우리의 마음속에 사랑의 눈이 가득 싸여 나가도록 서로에게 관용을 베풀 수 있는 여유를 가집시다. 남의 집 앞의 눈과 쓰레기를 쓸어주고 치워주는 여유를 가지면 좋겠습니다.

　예수님은 말씀하셨습니다. "이같이 너희 빛을 사람 앞에 비취게 하여 저희로 너희 착한 행실을 보고 하늘에 계신 너희 아버지께 영광을 돌리게 하라"(마태복음 5:16) "그러므로 무엇이든지 남에게 대접을 받고자 하는 대로 너희도 남을 대접하라 이것이 율법이요 선지자니라" (마태복음 7:12)

엄청난 통치자금

　어디서 그렇게 많은 돈이 나왔는지 모르겠습니다. 서민들에게 천문학적인 단위의 돈 이야기는 요지경과 같은 다른 세계를 보는 것 같습니다. 그러나 결코 동정할 수도 없고 정당성을 인정할 수도 없는 냄새나는 돈 이야기는 가뜩이나 어려운 나라를 더욱 어렵게 만들고 있습니다. 그리고 민초들의 심정을 짜증스럽게 하고 고통스럽게 하고 있습니다. 그것은 안기부 자금 유용사건입니다.
　여당은 국가예산을 횡령한 것임으로 국회의원을 포함하여 누구든지 조사를 받고 벌을 받아야 한다고 말합니다. 그러나 야당은 야당 핍박 말살작전이라고 장외 투쟁을 할 기세입니다. 아예 금번에 모든 비자금이나 통치자금을 다 밝히자고 야단입니다.
　돈은 우리가 살아가는데 필수적인 것입니다. 흔히 돈은 자동차의 휘발유로 비유됩니다. 돈이 있어야 사람(조직)을 움직일 수 있다는 뜻입니다. 그래서 일본 정객들은 정치자금을 '실탄(實彈)'이라고 부릅니다. 도덕적 잣대가 엄격하기로 소문난 독일에서조차 '돈이 말하면 사람이 입을 다문다.'고 할 정도입니다. 돈 없이는 살 수 없는 세상입니다. 특히 정치계는 더합니다. 돈이 없으면 정치할 생각을 하지 않는 게 상식입니다. 그만큼 돈은 정치하는 사람들에게 있어서 피(血)나 다름없습니다.
 그러면 돈에 대해서 자유로운 정치인은 얼마나 있을까요? 깨끗하고 떳떳한 돈만 받은 사람은 얼마나 될까요? 국민들은 부정적입니다. 안기부 예산 선거유입 수사로 시끄러운 요즘, 역대 대통령의 통치자금 씀씀이에 대한 여러 가지 이야기들이 있습니다. 통치자금은 안기부 돈과 기업체 헌금으로 조성되는 관례상의 대통령 쌈짓돈입니다. 군사정권 시절 전두환, 노태우씨는 명절 또는 선거를 앞둔 때 국회의원을 청와대로 불러 '오리발'을 내밀었다고 합니다. 여당뿐만 아니라 말 잘하는 야당 의원에게도 그랬습니다. 야당 총재는 주로 영수회담 때 거액을 받았다고 전해집니다.
 전두환씨는 '통이 커' 한번에 수십 억 원씩 찔러주었고, 노태우씨의 봉투 두께는 전두환씨의 것보다 얇아 '주고도 욕을 먹는' 스타일이었다고 합니다. 김영삼씨는 재임 초기 '단돈 1원도 받지 않고, 주지도 않겠다.'며 정경유착을 통한 음성적 정치자금과의 단절을 선언했지만, 당시에 그 말을 믿는 사람은 많지 않았습니다. 말은 그렇더라도 '앞에서 받지 않으면 옆이나 뒤에서 받겠지.'라고 비아냥거렸습니다. 그러나 김영삼씨가 재임 중 기업주의 돈을 받지 않은 것은 거의 사실인 것으로 생각하는 사람들이 많습니다. 그래서 돈이 없었으니까 측근들이 안기부 돈이라도 받아 선거를 치를 수밖에 없었을 것이라는 추측이 나오는 것입니다.
 김대중씨의 경우 정치자금 관리가 워낙 교묘해 잘 드러나지 않는다는 게 정설입니다. 김영삼씨는 측근에게 정치자금을 맡기는 반면, 김대중씨는 야당 때나 지금이나 자신이 직접 관리하는 편입니다. 김대중씨는 최근 '국정원 돈은 땡전 한푼도 쓰지 않았다.'고 했습니다. 이 말은 '국정원 돈이 아닌 다른 돈은(받아) 썼다.'는 뜻으로 해석하는 사람들도 있습니다.

어쨌든 힘이 있는 자리에 있으면 돈이 필요하고 돈이 모이는 모양입니다. 그런데 그 돈을 어디에 어떻게 사용했는가도 중요하지만 어떤 방법으로 돈을 모았는가도 중요합니다. 나라 살림은 어려운데 여전히 정치권에는 엄청난 돈이 오고가고 있습니다. 국민들의 생활하는데 꼭 필요한 곳에 돈이 쓰여져야 하는데, 엄청난 돈들이 엉뚱한 곳에서 거래되고 있다니 기가 막힌 노릇입니다. 정치라도 잘하면 좋겠습니다.

아마 통치자금, 비자금, 정치자금에 대한 시비는 계속될 것입니다. 왜냐하면 어차피 정치는 돈이 들어가는 곳이기 때문입니다. 돈은 필요하고 중요합니다. 그러나 탐욕을 내어서는 안되고 정당하게 벌어 바르게 사용해야 합니다.

성경은 말씀합니다. "돈을 사랑함이 일만 악의 뿌리가 되나니 이것을 사모하는 자들이 미혹을 받아 믿음에서 떠나 많은 근심으로써 자기를 찔렀도다"(디모데전서 6:10)

나라 자긍심을 회복하자

　자기 조국을 자랑스럽게 생각하는 국민이 많으면 그 나라는 희망이 있습니다. 그리고 반드시 성장할 수 있습니다. 우리나라 국민은 어떨까요? 전 세계 251개국 126만 명을 대상으로 실시한 사상 최대 규모의 여론조사에서, 한국과 북한 국민들은 국가에 대한 자긍심이 다른 나라에 비해 매우 낮은 수준인 것으로 나타났습니다. 이 조사는 지난 해 미국의 정보통신기업 쓰리콤(3 Com)이 11월 15일부터 3주일동안 실시했습니다.

　각 국 국민 가운데 자신의 '조국을 자랑스럽게 생각한다.' 는 응답 비율이 가장 높은 국가는 캐나다(92%)였고 그 다음이 미국(90%)이었습니다. 그런데 한국은 59%, 북한은 54%로 각각 149위, 179위로 나타났습니다. '인종을 바꾸고 싶은 생각을 해본 적이 있느냐?' 란 질문에 대해서는 한국인의 48%가 '있다.' 고 응답해서 북한(39%)보다 10% 포인트 정도 높게 나왔습니다. 반면 미국(8%)과 영국(10%)에 비해서는 물론 일본(23%)보다도 훨씬 높았습니다. 이것은 무엇을 말합니까? 심각한 열등감이 확산되고 있음을 보여주는 것입니다.

　'현재 일상생활에 가장 영향을 크게 미치는 것' 을 묻는 질문에, 한국 응답자는 가족·친구(25%), 회사일(23%), 국가 경제상황(14%) 등으로 답했습니다. 북한 역시 가족·친구(28%), 회사일(23%), 국가 경제상황(19%) 등 같은 순서로 답했습니다. 그러나 미국과 영국은 각각 2%와 7%에 불과했습니다. '배우자에게 사랑한다는 말을 얼마나 자주 하는가?' 란 질문에 한국 기혼자의 절반은 '전혀 하지 않는다.' (17%), '1년에 몇 번 한다.' (33%) 등으로 답했습니다. 북한도 50%가 '전혀 하지 않는다.' 고 답했습니다. 미국은 기혼자의 69%가 배우자에게 '매일' 사랑한다는 말을 하는 것으로 조사됐습니다. '배우자의 단점 중 고치고 싶은 것' 에 대한 질문에는, 한국 기혼자는 외모(22%)와 지성(22%)을 가장 많이 꼽았습니다. 그리고 북한은 가족 배경(40%)이란 응답이 가장 높았습니다. 반면 미국 기혼자는 41%가 '고치고 싶은 것이 없다.' 고 답했고, 일본도 39%가 없다고 했습니다.

물론 미국과 캐나다 같은 나라는 자연과 교육 환경이 좋고 사회복지 시설도 뛰어납니다. 또한 수고하고 노력한 대가를 보장해 주는 선진국이므로 당연히 국민들이 자긍심을 가질 수 있습니다. 그러나 반드시 부유하고 좋은 환경이라야 행복하고 자긍심을 가지는 것만은 아닙니다. 영국에서 조사한 세계 54개국의 국민들이 느끼는 행복도 조사에서 방글라데시가 1위를 차지하는 등 빈곤국이 상위권을 휩쓸었습니다. 그러나 미국 46위, 일본 44위 등 선진 부유국들은 하위권에 처졌습니다.

이것은 무엇을 말해줍니까? 밖으로 나타나는 외적 풍요가 사람을 행복하게 하는 절대적 조건이 못 된다는 것을 말해줍니다. 물론 지금 나라 사정을 보면 정치, 경제, 사회 등 모든 분야에서 자긍심은커녕 환멸을 느끼게 하는 일들만 가득합니다. 얼마나 많은 국민이 나라에 대한 자긍심을 가질 수 있겠습니까?

그러나 복은 하나님이 주시는 것입니다. 우리 모두 이기심을 버리고 낙심하지 말아야겠습니다. 오히려 우리나라의 좋은 점들을 찾고 개발하여 자긍심을 회복하는 일에 모두가 뜻을 모아야 할 때입니다.

성경은 말씀합니다. "삼가 말씀에 주의하는 자는 좋은 것을 얻나니 여호와를 의지하는 자가 복이 있느니라"(잠언 16:20)

명문家

 미국의 새로운 정치 명문가가 탄생했습니다. 바로 조지 W. 부시 대통령의 집안입니다. 사실 미국의 정치 명문가(家)로 케네디 가문을 꼽는데는 이견이 없습니다. 케네디 가문은 화려합니다. 왕실이 없는 미국에서 1명의 대통령과 2명의 대통령 후보, 법무장관, 2명의 상원의원과 2명의 하원의원을 배출했습니다. 거기다 '세기의 퍼스트레이디'로 칭송 받았던 재클린까지 가세해 케네디 가문은 더욱 빛을 발했습니다.
 그러나 케네디 가문은 야망, 사랑, 권력, 명성, 죽음 등 인간사의 모든 요소들이 들어있는 한 시대의 미국 역사를 대변했다고 말할 수 있습니다. 인기 절정에 있던 존 F. 케네디 전 대통령은 63년 텍사스에서 암살됐고, 그의 동생이자 유력한 대통령 후보였고 법무장관을 지냈던 로버트 케네디도 68년 대통령 예비선거 도중 살해됐습니다. 직계 가족 41명 중 7명이 비명에 세상을 떠났습니다. 케네디 대통령이 암살 당하고 장례식이 거행되었을 때 그의 세 살짜리 아들 케네디 2세가 38년 전 11월 아버지 존의 관을 향해 경례를 올린 장면은 당시 많은 미국인들의 심금을 울렸습니다. 그런데 그 주인공마저 99년 7월 경비행기를 몰고 가다 추락사하여 세계를 놀라게 했습니다. 워싱턴포스트지는 '만약에 미국에 셰익스피어가 있었다면 그는 틀림없이 케네디 가문의 비운을 주제로 희곡을 썼을 것이다.'라고 표현할 정도로 케네디 가문은 영욕의 한 시대를 풍미했던 미국의 정치 명문가였습니다.

그런데 요즘 명문 케네디 가문도 새로 등장한 부시 가문에 의해 빛을 잃어가고 있는 느낌입니다. 부시 가문은 현직 미국 대통령과 전직 대통령을 배출했습니다. 둘째 아들 젭 부시는 플로리다 주지사입니다. 아버지에 이어서 대통령이 된 것은 미국에서 두 번째입니다. 그러나 이것 역시 미국에서나 가능한 일입니다.

공화당 가문인 부시 대통령이 민주당 가문인 케네디 가문을 백악관으로 초청해 양 가문의 서먹서먹했던 사이를 푼다고 해 화제가 되고 있습니다. 두 가문은 케네디 전 대통령과 쿠바의 미사일 위기 상황을 다룬 영화 '13일간의 낮들'도 볼 것이라고 합니다. 정말 미국 사회에서나 있을 만한 선이 굵은 정치적 관용의 아름다운 모습입니다. 대부분의 경우 정권이 바뀌면 보복이 이어집니다. 그리고 지난 정권에 대해 흠집을 내려고 애쓰고 차별화를 시작합니다.

그러나 이 세상의 정치 명문가라고 해서 그것이 꼭 행복의 보증 수표는 아닙니다. 역사를 보면 벼슬길에 들어선 정치 명문가가 정권이 바뀌면 멸문지화(滅門之禍)를 당해 귀양을 가기도 하고 종으로 팔려가기도 하는 일이 비일비재했습니다. 어쩌다가 세상 표현으로 운이 좋으면 관직이 복직되기도 하였고 죽은 후 오랜 세월이 지난 다음에 다시 명예를 회복하는 일도 있었습니다. 유독 명문가를 찾는 사람들은 그 집안에 맞는 집안을 찾아 사돈을 맺는 것이 관례처럼 되어 왔습니다. 정략 결혼이라고 할 수 있습니다. 명문가를 좋아하는 사람은 일제 시대에 일본의 앞잡이 노릇하면서 부귀와 권세를 얻은 친일파 가문도 명문가로 알고 사돈 맺기에 혈안이 되기도 합니다.

명문가를 자처하는 사람들이 그 자리에 어떤 과정을 거쳐서 올라갔는가는 더 중요한 일입니다. 높은 자리에 앉고 많은 돈을 가졌다고 해서 명문가라고 말할 수도 없고 그렇게 불러서도 안됩니다. 그렇게 부른다면 이 사회는 가치관이 변질된 소망이 없는 물질주의와 현세주의가 지배하는 세속적인 사회에 불과합니다.

그러나 우리가 사는 이 사회는 비록 권세는 없어도 자기의 맡은 자리에서 최선을 다하며, 가족을 돌보고, 자녀를 훌륭히 양육하며, 깨끗한 양심으로 청빈하게 살아가면서 이웃에 사랑을 나누어주고 사는 이름도 빛도 없는 수많은 사람들이 있습니다. 이들이야말로 명문가라고 할 수 있습니다.

성경은 말씀합니다. "오직 너희는 택하신 족속이요 왕 같은 제사장들이요 거룩한 나라요 그의 소유된 백성이니 이는 너희를 어두운 데서 불러내어 그의 기이한 빛에 들어가게 하신 자의 아름다운 덕을 선전하게 하려 하심이라"(베드로전서 2:9)

광우병

 광우병 공포가 우리나라에서도 나타나고 있습니다. 쇠고기가 판매가 뚝 떨어지고 쇠고기 전문 식당에 손님도 줄었습니다. 그 원인은 유럽에서 발생한 광우병 파동이 최근 확산되면서 국내에서도 음식물 사료를 먹인 소에 대한 두려움이 널리 퍼지고 있기 때문입니다.
 광우병은 소의 뇌에 구멍이 나면서 뇌가 점차 줄어드는 병입니다. 소가 감염되면 괴상한 소리를 지르거나 포악해진 뒤 미쳐서 죽습니다. 소는 초식동물입니다. 풀을 뜯어먹으며 유유자적하게 자라야 합니다. 그런데 사람들은 소를 빨리 성장시키는 것에만 집착해서 양의 내장 같은 폐기물로 만든 동물사료를 마구 먹임으로써 이상야릇한 질병이 생겨났습니다. 광우병은 감염경로가 아직 명확히 밝혀지지 않았지만 동물사료를 통해 감염된 것으로 추정되고 있습니다.
 우리나라는 고려 인종 때 서남 지역에 우역이 있었다는 것을 필두로 조선 중종 때는 평안도의 소들이 몰사했습니다. 관에서 조사한 감염된 소의 수만도 4,106마리나 됩니다. 선조 10년에는 조선 팔도에 우역이 번져 씨가 말랐으며, 논과 밭을 갈 소가 없어 사람이 소 대신 쟁기를 끌고 갔다고 합니다. 현종 이후로는 우역 유행주기가 30년에서 20년으로 좁아지더니 한말에는 10년 주기로 번졌습니다.
 광우병은 프리온이라는 단백질이 변형돼 소의 뇌 조직을 파괴하는 전염성 질환으로 1985년 이후 영국에서만 18만 건이 발생했고 포르투갈과 프랑스, 아일랜드, 스위스 등지에서도 몇 백 건씩 발생했습니다. 더구나 광우병에 감염된 쇠고기를 먹을 경우 사람에게도 소의 증세와 비슷한 '변종 크로이츠펠트 야콥병'을 일으키는 것으로 알려져 공포를 불러오고 있습니다. 1983년 뉴욕시티 발레단의 세계적 안무가 조지 밸런친이 광우병과 비슷한 병으로 숨졌습니다. 사람들에게 처음 알려진 크로이츠펠트 야콥병(CJD)이었습니다. 단백질이 이상증식을 하면서 뇌를 파괴하고 전신에 경련과 치매 증상을 보이다가 발병 6개월~1년 이내에 100% 숨집니다. 잠복기간은 3~30년이고 치료법은 모릅니다. '제2의 에이즈'라고 할 수 있습니다.

유럽에서는 광우병의 인체감염형태인 '변형 크로이츠펠트 야콥병'(vCJD)이 크게 번지고 있습니다. 이 같은 인간 광우병으로 영국에서만 80년대 중반 이후 198명이 숨지고 소 400만 마리가 도살됐습니다. 감염된 소를 먹으면 발병하고 수혈 등으로 전파된다고 알려졌습니다. 소 추출물에 의해서도 감염될 수 있습니다. 미국은 21세기 인류를 괴롭힐 '죽음의 병'으로 후천성면역결핍증(AIDS)과 만성피로증후군(CFS)과 크로이츠펠트 야콥병(CJD)을 꼽고 있습니다.

국내외 전문가들은 소가 단순히 음식물 찌꺼기를 먹는다고 광우병이 발생하는 것이 아니라 광우병 증세로 죽은 소와 양 등을 동물사료로 만들어 먹였기 때문에 널리 퍼지기 시작했다고 분석합니다. 따라서 유럽산 쇠고기 수입은 이미 금지돼 있고 광우병 발생 기록이 전혀 없는 국내에서는 음식물 사료를 소에 먹여도 문제가 없다고 발표했습니다. 방역전문가들로 구성된 가축방역중앙협의회도 6일 같은 결론을 내렸습니다. 그러나 외국산 생우(生牛)나 쇠고기 및 부산물에 대한 검역을 강화하고 유럽산 소의 부산물 관련 제품까지 금수조치를 확대하는 등 예방대책을 차분히 시행하고 있습니다.

유럽의 광우병 파동은 어제와 오늘의 이야기가 아닙니다. 그러나 실체도 보지 못하고 그림자에 놀라 허둥대다가 물에 빠지는 일은 없어야 합니다. 최근 유엔식량농업기구(FAO)는 유럽을 공포에 떨게 하는 광우병 확산을 경고하며 각 국에 적절한 조치를 촉구했습니다. 지난 26일 국립보건원은 인간 광우병을 법정전염병으로 지정키로 했습니다. 국내 인간 광우병 환자는 45명으로 공식 집계됐습니다. 사슴 광우병에 걸린 것으로 추정되는 캐나다 산 사슴의 녹용까지 국내에 유통돼 광우병에 대한 우려를 더하고 있습니다. 당국은 동물을 통해 감염되는 변종 크로이츠펠트 야콥병(vCJD)은 확인되지 않았다고 밝혔습니다.

그러나 방심은 금물입니다. 인간 광우병은 자연의 섭리를 거부하는 인간에 대한 '자연의 복수'로 보는 시각이 많습니다. 그러나 이것은 하나님의 진노입니다.

성경은 말씀합니다. "일의 결국을 다 들었으니 하나님을 경외하고 그 명령을 지킬지어다 이것이 사람의 본분이니라 하나님은 모든 행위와 모든 은밀한 일을 선악간에 심판하시리라"(전도서 12:13-14)

美 대통령들의 최대 덕목은 깊은 신앙심

　미국은 청교도들이 신앙으로 이룩한 나라입니다. 그들의 삶은 순결하고 정직하고 깨끗했습니다. 따라서 그들의 지도자들의 최대 덕목은 신앙심이었습니다. 클린턴 전 대통령이 르윈스키 사건을 비롯한 추한 일들로 이미지를 훼손했으나, 그도 나중에 기독교 지도자들 앞에서 참회했습니다. 제43대 미국 대통령에 조지 W. 부시가 당선되면서 새삼 미국 대통령의 기독교적 신앙심에 관심이 쏠리고 있습니다. 그는 독실한 감리교 신자입니다. 그의 신앙심은 이미 대선 과정을 통해서 알려졌고 검증되었습니다.

　200년에 걸쳐 43대까지의 대통령 가운데 케네디 대통령(카톨릭)만 빼고는 모두 개신교 신자였습니다. 역대 대통령들은 위기를 신앙으로 극복하고 오늘의 초강대국 미국을 건설해 왔습니다. 조지 워싱턴 초대 대통령, 2대 존 애덤스, 3대 토머스 제퍼슨, 4대 제임스 매디슨 등 미국 건국의 아버지들은 청교도적 신앙으로 나라를 일으켜 세웠습니다. 16대 링컨 대통령은 기독교적 박애사상에 근거, 남북전쟁을 승리로 이끌어 노예해방과 통합 미국을 이룩했습니다. 또 32대 프랭클린 루즈벨트는 대공황의 시련을 기도와 신앙의 힘으로 극복했습니다.

　침례교 신자인 39대 지미 카터는 신앙이 독실한 신자로 그의 기독교적 헌신과 봉사는 오늘날도 미국인과 세계인의 존경을 받고 있습니다.

카터는 대통령에서 물러난 뒤 "(나는) 대통령이 목표가 아니라 하나님의 힘을 전하는 주춧돌이 되고 싶었다. 대통령은 하나의 과정이었다."고 말했습니다. 그는 평화의 사절로 세계 곳곳에 문제가 발생하면 달려가 화해를 주선하는 메신저로서 현직 대통령 재직 시절보다 오히려 더 많은 인기와 존경을 받고 있습니다.

이번 43대 대선 당선자 조지 W. 부시도 아버지 조지 부시 41대 대통령과 함께 독실한 감리교인으로 널리 알려져 왔습니다. 특히 조지 W. 부시는 이번 선거기간 중이던 지난 6월10일을 '텍사스 주 예수의 날'로 선포할 정도로 독실한 신앙심을 대담하게 드러냈습니다. 경쟁자였던 엘 고어 부통령도 유세 기간 중 틈만 나면 "나는 다시 태어난 기독교인"이라고 밝혔습니다. 이들의 이번 대결은 '누가 더 신앙심이 깊은가의 대결이었다.'는 미국 언론의 평을 받기도 했습니다.

많은 미국의 전문가들은 세계 최강국 미국을 이끄는 힘은 바로 이같은 지도자들의 신앙심이라고 단언하고 있습니다. 미국 역대 대통령에 정통한 함성득 교수(고려대)는 "미국 정치인들이 정계에 입문하면 맨 먼저 받는 질문이 '당신은 신의 존재를 믿는가?' 라는 것"이라면서 "여기서 신은 기독교적 하나님을 뜻한다."고 덧붙였습니다. 또 다른 미국학자들도 기독교는 국교로 선포되지만 않았을 뿐 미국의 건국이념이자 발전의 축이며 국정운영의 토대라고 한결같이 지적하고 있습니다.

대통령 선거 등 미국의 각종 선거에는 낙태, 인권, 사회복지 등의 문제가 돌출 되는데, 이는 모두 기독교 윤리 문제로 불가분의 관계를 맺고 있습니다. 아무리 사회가 변해도 미국인들은 그들의 대통령이 갖출 덕목 중에 여전히 정직하고 깨끗한 성경적 삶을 최고의 덕목으로 꼽고 있습니다. 그러므로 기독교적 합리성은 미국 정책의 근간이며, 기독교 윤리는 미국 사회의 도덕률이 되고 있습니다. 그리고 신앙인이 아니고서는 미국의 대통령이 될 수 없다고 말할 수 있습니다. 미국인들은 그들이 늘 소지하고 사용하고 있는 화폐에도 '우리는 하나님을 믿는다 (We trust in God).'라는 말을 새겨 넣었습니다. 미국의 힘은 바로 여기에 있습니다. 세계 초강대국 미국의 힘과 번영은 지도자와 국민들의 정직하고 깨끗한 기독신앙에서 유래되고 있습니다.

머리가 아플 정도로 복잡하고 추하게 돌아가는 우리의 현실을 볼 때 우리에게도 깨끗한 덕목을 갖춘 지도자들이 절실히 요구되고 있습니다. 그러나 이 역시 우리의 사회가 만들어 내는 것이 아니겠습니까? 우리의 모두의 책임이요 의무입니다.

성경은 말씀합니다. "여호와의 산에 오를 자 누구며 그 거룩한 곳에 설 자가 누군고 곧 손이 깨끗하며 마음이 청결하며 뜻을 허탄한 데 두지 아니하며 거짓 맹세치 아니하는 자로다"(시편 24:3-4)

막다른 가정폭력

　모자(母子)가 합세하여 주벽이 심한 가장을 살해한 사건이 부산에서 발생했습니다. 남편이 술을 먹고 폭력을 휘두르자 더 이상 참지 못하고 목 졸라 죽인 것입니다. 가정폭력이 극에 달하고 있고 이를 견디다 못한 가족들이 가해자를 합의 살해하거나, 본인이 자살을 하는 등 후유증도 갈수록 심각해지고 있습니다.
　지난 21일 오후 10시 30분 부산시 부산진구 범천동 김 모(52)씨 집 안방에서, 김씨가 술을 마시고 아내 박 모(45)씨를 폭행하는데 격분한 아들(25, 부산 K대 3년)이 주방에서 흉기를 들고 들어가 김씨의 배와 얼굴을 수십 차례 찌르고 박씨와 함께 목을 졸라 살해했습니다. 박씨는 아들과 함께 남편 김씨를 죽인 후 딸(24, 부산 B대 3년)과 함께 가족회의를 갖고 '내가 모든 것을 책임질 테니 아무 소리 말라.' 며 자신이 혼자 살해한 것으로 경찰에 신고했습니다. 그러나 경찰수사 결과 사건의 전말이 드러났습니다. 경찰조사 결과 숨진 김씨는 병원에서 운전기사 일 등을 하다가 7년 전 퇴직해 무직상태에서 주벽, 의처증, 도박 등으로 부부싸움을 해왔으며 상습적으로 폭행까지 했다고 합니다. 경찰은 아들 김 군에 대해서는 아버지를 살해한 혐의(존속살해)로, 아내 박씨에 대해서는 남편을 살해한 혐의(살인)로 각각 구속영장을 신청할 방침이라고 합니다.

뿐만 아니라 부산 북부 경찰서는 22일 정신질환을 앓는 아들과 다툼을 벌이던 중 아들을 숨지게 한 혐의(살인)로 성 모(62, 여, 부산 북구 덕천동)씨를 붙잡아 조사중이라고 합니다. 경찰에 따르면 성씨는 지난 21일 오후 5시께 덕천동 자신의 집에서 정신질환을 앓고 있던 아들 조 모(36)씨가 "같이 죽자."며 2m가량의 나일론 끈으로 올가미를 만들어 성씨와 조씨의 목에 걸고 몸싸움을 하던 중 조씨를 목 졸라 숨지게 한 혐의를 받고 있습니다. 숨진 조씨는 5년 전 아파트공사 현장에서 페인트 작업 도중 머리를 다친 뒤 정신질환을 앓아왔으며 평소에도 부모를 폭행하고 집 밖으로 물건을 집어던지는 등 행패를 부려왔던 것으로 알려졌습니다.

한편 부산지검 형사3부는 지난해 9월 발생한 부산 사하구 다대동 S 아파트 경찰관 부인 변사 사건과 관련, 남편인 부산 서부 경찰서 박 모(34) 경장을 긴급 체포해 조사를 벌이고 있습니다. 검찰에 따르면 박 경장은 지난 98년 7월 자신의 집에서 아내 김 모(33)씨와 말다툼을 하다가 주먹과 발로 김씨를 때리는 등 모두 10여 차례에 걸쳐 아내를 폭행한 혐의를 받고 있습니다. 검찰은 사망한 김씨의 오빠 등 유족들이 김씨의 타살 의혹을 제기함에 따라 이 부분에 대해서도 수사를 계속하고 있습니다.

왜 이렇게 되고 있는지 모르겠습니다. 가정은 이 세상에서 가장 사랑이 넘치는 곳이고 모든 이에게 위로와 사랑을 주는 곳입니다. 사람들은 가정에서 새 힘을 얻고 꿈을 피워갑니다. 그리고 가족은 같은 핏줄을 가진 사람들로 누구도 떼어놓을 수 없는 하나님이 맺어주신 특별한 관계입니다. 그러므로 이 세상에 가정이 없다면 어떻게 되겠습니까? 그런데 가정이 살인의 현장이 되고 있으며, 가족이 서로 살인 행위를 저지르고 있습니다.

이것을 우리가 어떻게 설명할 수 있겠습니까? 이것은 부패한 인간

죄성(罪性)의 결과입니다. 인류의 조상 아담의 아들 가인이 동생 아벨을 살인한 이후 인류는 가인의 후예로 변화되어 버렸습니다. 우리는 가정을 회복해야 합니다. 가정의 신뢰와 사랑을 다시 찾아야 합니다. 그러기 위해 가족 구성원들은 자기 자신의 위치를 지켜야 합니다. 그리고 의와 진리와 거룩한 하나님 형상을 회복해야 합니다. 이제 우리 모두 잃어버린 사랑을 회복하는 가정 운동을 펼쳐나가야겠습니다.

"그러므로 우리는 기회 있는 대로 모든 이에게 착한 일을 하되 더욱 믿음의 가정들에게 할지니라"(갈라디아서 6:10)

혼인신고 기피증과 이혼 천국

혼인(婚姻)은 남자와 여자가 만나 부부가 되는 일입니다. 이 때 혼(婚)은 '장가든다.' 는 뜻이고, 인(姻)은 '시집간다.' 는 뜻입니다. 그러므로 혼인이란 말은 음과 양이 자연 섭리에 맞춰 짝을 찾는 것입니다. 고례(古禮)에서는 '천지의 이치에 순응하고 인정의 마땅함에 합하는 것' 이 혼인이라고 소개합니다. 그래서 '혼인' 과 '결혼' 은 어감이 다르다고 합니다. 혼인은 남녀의 입장을 평등하게 반영한 반면 결혼은 남자 위주로 쓰인다는 것입니다.

성경은 하나님이 남녀를 창조하시고 두 사람이 그 부모를 떠나 연합하여 한 몸을 이루어 사는 것을 결혼으로 말씀합니다. 고대 혼인에서는 기러기를 폐백으로 삼았습니다. 가장 중요한 예물로 취급되었습니다. 기러기는 어김없이 때를 알고 지키는 새이기 때문입니다. 이는 남녀간에 '신용' 이 가장 중요하며 결코 이를 어겨서는 안 된다는 것을 상징합니다. 그만큼 부부간의 언약을 중시한 것입니다.

기러기는 오랜 세월동안 혼인 납채로 채택되어왔습니다. 구식 혼인의 경우 후에 기러기를 구할 수 없어 거위나 닭으로 대체했습니다. 흔히 결혼식 때 사람들은 '검은머리가 파뿌리가 되도록' 이라는 말이나 '백년해로' 라는 말을 사용합니다. 하지만 성경은 사람이 연합하여 하나가 되는 것이 결혼이며 일부 일처를 원칙으로 삼았습니다. 그만큼 결혼에서는 연합이 아주 중요한 것입니다. 그러므로 과거 세대일수록 '이혼'이란 거의 상상조차 할 수 없었습니다. 여자일수록 더욱 그랬습니다.

그러나 시대는 달라져 현재 이혼율이 급증하고 있습니다. 여자 쪽의 이혼 요구가 늘고 황혼 이혼이란 말까지 등장하고 있습니다. 3쌍이 결합할 때 1쌍이 헤어지는 꼴이라고 합니다. 지난 99년 인구 1천명 당 이혼율은 2.5건으로 80년 0.6건과 비교해 볼 때 4배나 폭증했습니다. 이혼 천국이란 프랑스의 1.9건을 능가하는 수준입니다. 신세대들은 한술 더 떠 혼인신고조차 기피하는 풍조라고 합니다. 오랫동안 같이 살거나 살아줄 자신이 없는데 이혼하여 흔적을 남기기 싫다는 것입니다. 한 조사에 따르면 결혼 2년 미만 200쌍 부부 중 여자 31.5%와 남자 24%가 혼인신고에 대한 필요성을 느끼지 않는 것으로 나타났습니다.

원앙새는 필조라고 합니다. '짝새', '배필새'라는 뜻입니다. 원앙은 수컷이 '원'이고 암컷이 '앙'입니다. 이들은 한 번 짝을 지으면 언제나 함께 날고 함께 헤엄치며 함께 먹고 함께 잡니다. 그러다가 한 마리가 죽거나 없어지면 남은 한 마리는 상심하여 먹지 않고 굶어죽습니다. 그래서 원앙은 금실 좋은 부부를 상징합니다. 원앙은 동부 시베리아 한국 중국 일본에 사는 동양 새입니다. 그 원앙의 사랑을 우리 선인들은 오래 전부터 기려왔고 닮으려 했습니다. 청동기 시대 솟대에 세웠던 쌍조간두식(雙鳥竿頭飾)에 나오는 새가 바로 짝새인 원앙입니다. 고려청자에도 원앙향로가 있고 신혼부부의 베개 모에도 원앙 한 쌍과 새끼 9마리를 수놓습니다. 뜨거운 금실에 자식 복을 누리라는 기원을 담는 것입니다.

생활이 어려워도 원앙처럼 잘살아보려 했던 우리가 근래엔 '이혼천국'이 돼, 유럽보다도 이혼율이 높다는 개탄의 소리가 높습니다. 재혼 전문 정보회사 '행복출발'이 전국 이혼남녀 1,000명에게 "지금 이혼을 생각하는 이들에게 꼭 하고싶은 한 마디가 무엇이냐?"고 물었습니다. 그랬더니 65%가 "절대로 이혼하지 말라."는 것이었습니다. 다른 조사에서도 이혼남 79.5%, 이혼녀 64.9%가 후회한 적이 있다고 답변했습니다.

이혼은 여러 가지 문제를 낳습니다. 두 사람 사이에 낳은 자녀들의 문제도 그렇고, 친인척까지 복잡해집니다. 이 모든 현상이 노아의 홍수와 소돔과 고모라의 멸망 직전의 세태를 닮아 가는 것 같습니다. 결혼은 신중히 해야 합니다. 그리고 두 사람은 끝까지 가정을 지키도록 노력해야 합니다. 거기에 참된 행복이 있습니다.

성경은 말씀합니다. "아내들이여 자기 남편에게 복종하기를 주께 하듯 하라 남편들아 아내 사랑하기를 그리스도께서 교회를 사랑하시고 위하여 자신을 주심같이 하라"(에베소서 5:22, 25)

판 권
소 유

시사적복음전도 목회칼럼 3

하나님은 어디에나 계십니다

2001년 3월 25일 1판 1쇄 인쇄
2001년 3월 30일 1판 1쇄 발행

지은이 ● 배 핑 호
발행인 ● 김 수 관
발행처 ● 도서출판 영 문

등록/ 제 03-01016호(1997. 7. 24)
주소/ 서울시 용산구 한강로2가 70번지
전화/ 편집부 · 796-7198
　　　영업부 · 793-7562
　　　F A X · 794-6867

ISBN 89-8487-045-5 03230

값 7,000원

* 본서의 임의인용·복제를 금합니다.
* 파본·낙장은 교환해 드립니다.